오늘도 ——참기만 하는
당신을 위한 심리학

오늘도＿＿＿참기만 하는
당신을 위한 심리학

나를 지키고 미움 받지 않는 화내기 연습

오시마 노부요리 지음 | 강성욱 옮김

문예춘추사

들어가며

하루에 몇 번이나 화가 나시나요? 아주 작은 일, 지극히 사소한 말에도 왠지 참기 어려운 경우를 묻는 것입니다. 제 지인에게 같은 질문을 해보았더니 하루 동안 아래와 같은 경우에 화가 난다고 합니다.

- 길에다 아무렇지도 않게 담배꽁초를 버리는 사람을 봤을 때
- 휴대전화를 보면서 자전거 타는 사람을 봤을 때
- 지하철에서 옆자리 사람이 자꾸 팔꿈치로 밀 때
- 대중교통에서 빈자리를 차지하기 위해 사람들을 밀치고 먼저 타려는 사람을 봤는데, 사람들과 부딪혀도 미안하다는 말조차 하지 않을 때
- 사무실에 걸려온 전화를 받지 않던 후배가 상사가 출근하면 제일 먼저 전화 받는 모습을 볼 때
- 식당에서 테이블을 닦아달라고 했는데 아무 대꾸 없던 직원이 대충 닦고 가버렸을 때
- 점원이 거스름돈을 거칠게 건네줄 때
- 냉장고에 뚜껑을 닫지 않은 마요네즈가 들어 있을 때

- 저녁을 기다리던 딸이 위험한 장난을 쳐서 주의를 주었지만 멈추지 않을 때
- 밤 열 시가 지났는데도 옆집에서 티브이 소리가 크게 들릴 때

위와 같은 상황에 화가 난 적이 있으신가요?

위에 제시된 일들은 흔히 사소하다고 여겨지는 작은 일들입니다. 그리고 작은 일이기 때문에 무시되는 경향이 있습니다. 그런데 작은 일들을 참으면서 쌓인 화가, 심신 건강에 위협이 된다는 사실을 아시나요?

작은 일 때문에 생긴 화는 대부분 제때 처리하지 않아 쌓입니다. 우리는 작은 일로 인해서 생긴 화는 발산하기보다 참아버립니다. 짜증이 난다거나 화가 난다는 사실을 인정하면서도 '작은 일'이라며 참는 태도를 고수합니다. 이보다 더 위험한 것은, 화가 안 난다고 스스로 굳게 믿는 일입니다. 그런데 의외로 그렇게 믿는 사람이 많습니다.

다른 예를 하나 들어보겠습니다. 제 상담실을 찾아온 A씨 이야기입니다. A씨는 심신 부조화로 저를 찾아왔는데 짐작 가는 원인이 없다고 말했습니다. 상담 도중 평소 불안을 느끼긴 하지만 화나는 경우는 거의 없다고 했습니다. 다

소 울컥하는 경우는 있어도 '내가 상대를 화나게 한 건 아닐까.' 생각하고 화를 이내 불안으로 바꾼다고 했습니다.

유치원 어머니 모임에서 냉대를 받았을 때도 '내가 안 좋은 행동을 했을지 몰라.' 생각했고, 책임을 본인에게 돌렸다고 합니다. 그렇게 자신의 행동을 돌아보면 화가 사라지는 것 같은 기분이 든다고 말했습니다. 그런데 이 말은 모순이었습니다. A씨가 화나는 경우는 없다고 했으면서 화가 사라지는 것 같다고 표현했기 때문입니다. A씨는 화가 안 나는 사람이 아니라 단지 '화가 안 난다고 스스로 믿는 사람'이었을 뿐입니다.

그럼 사라진 A씨의 화는 어디로 갔을까요? 얼핏 사라진 것처럼 보인 A씨의 화는 실은 뇌에 '축적'되고 있습니다. 뇌에 쌓인 작은 화 알갱이들이 모여 커다란 화 덩어리가 되고, 쌓이고 쌓인 화 덩어리는 다양한 형태로 표출됩니다. 권태, 초조, 호흡 곤란, 두근거림, 어지럼증, 위통, 의욕저하, 우울, 불면 등등. 아침마다 회사에 가기 싫고 괜한 짜증이 납니다. 주변의 사소한 일들이 신경에 거슬리고 사는 것도 왠지 괴롭습니다. 원인을 찾으려 해도 찾을 수 없어 불안만 커져갑니다. 이런 상태는 대단히 위험합니다. 깨닫지 못하는 사이 뇌에 축적된 화가 '나의 분위기'를 바꾸어버리기 때문입니다. 스스로는 '화'를 인지하지 못하지만, 화의 전기電氣가 주변에 전파됩니다.

얼굴은 웃고 있지만 왠지 무서운 분위기가 흘러 사람들이 거리를 두게 됩니다. 어느 순간 직장 동료나 친구들에게 '기피 대상'이 되어 말을 걸어오는 사람도 서서히 줄어듭니다. 정작 본인은 불안하고 주변 사람들을 두려워하고 있지만, 무의식중에 화의 전기가 방출돼 오싹할 정도로 무서운 분위기를 띠고 있기도 합니다. 소중한 얼굴도 점점 변해갑니다. 스트레스 안 받고 즐겁게 사는 사람이 밝은 기색을 띠는 것처럼, 화가 축적된 사람의 얼굴에도 반드시 티가 나기 마련입니다. 화를 자꾸 쌓아 두면 심신의 건강뿐 아니라 행복도 잃어버립니다.

스스로 화나는 경우가 별로 없다거나 타인에게 그다지 화가 나지 않는다는 사람은 주의할 필요가 있습니다. 화를 낼 법한 상황에 자신을 다독이며 화를 잘 처리한 듯해도 '한순간의 화' 단계에서 이미 화의 축적이 진행되고 있습니다. 그럼 '화'를 올바로 발산하고 뇌에 축적되지 않게 하려면 어떻게 해야 할까요? 이것이 바로 이제부터 제가 이 책에서 이야기하려는 내용입니다.

책을 덮고 나면 뒤늦게 짜증이 나던 일도 바로 그 자리에서 잘 해결하게 되어, 끌어안고 고민할 일이 없을 것입니다. 화나는 일이 자꾸 떠올라 밤에 잠 못 드는 일도 사라집니다. 또한 이미 뇌에 쌓였던 화도 이 책에 소개된 테크닉을 사용해 말끔히 '방전'시킨다면 건강했던 심신을 되찾을 수 있습니다!

본론에 들어가기 전에 차례 다음 페이지에 나오는 '분노 레벨 테스트'를 실시해 보세요. 이 책을 어떻게 활용해야 할지 감을 잡을 수 있습니다.

이 책은 총 4장으로 구성됐습니다. 1장에서는 '화의 정체'를 간략히 소개합니다. 누군가에게 불쾌한 일을 당했을 때만 화가 나는 것이 아닙니다. 의식하지 못한 곳에 진짜 원인이 숨어 있을 수 있는데 그것을 찾지 못하면 화를 제대로 조절하기 어렵습니다. 2장에서는 실제로 제가 보고 들은 고민을 기초로 한 사례들을 함께 살펴봅니다. 화가 나는 상황마다 어떻게 대처하면 좋을지 구체적이고 적절한 '화 다스리기 노하우'를 제시했습니다. 또 '무의식의 화'에 접근해 그것을 진정시키는 '마법의 언어'를 공개합니다.

3장에서는 '잘 진정되지 않는 끈질긴 화' 대처법을 다룹니다. 마지막 장인 4장에서는 화를 받아들이는 방법을 소개합니다. 화라는 감정이 나쁜 것만은 아니라는 사실을 알고 '올바로 화내는 방법'을 추천했습니다. 각 장의 마지막에는 '화를 진정시키는 운동' '화를 진정시키는 그림'처럼 화를 다스리기 위한 팁을 담은 칼럼을 실었으니 반드시 참고하시길 바랍니다.

자, 그럼 이제 화와 마주할 준비가 되셨나요?
부디 화와 원만히 마주하고 행복한 인생을 맞이하시기를!

차 례

3장 그래도 풀리지 않는 화를 진정시키는 법

4장 화를 받아들이고 이용하기

분노 레벨 테스트

아래 체크 리스트로 평소 쌓인 '화의 정도'를 진단해 보세요. 24개 항목 중 자신에게 해당되는 경우에 체크하되, '조금이라도 울컥'할 것 같다고 생각되는 항목에 체크하면 됩니다.

☐ 지하철에서 옆 사람이 자리를 많이 차지하고 있다.
☐ 줄을 서 있는데 자꾸 내 앞으로 사람이 지나다닌다.
☐ 편의점 계산대에서 앞사람이 포인트 적립카드를 찾느라 시간을 끈다.
☐ 맞은편 차가 신호가 바뀌는 도중에 성급하게 출발한다.
☐ 후배가 은근슬쩍 말끝을 흐리며 반말한다.
☐ 상사가 지시한 일을 기억하지 못하고 딴말을 한다.
☐ 만원 버스에서 앞사람이 가방 속 교통카드를 찾느라 못 내리고 기다린다.
☐ 맞은편 사람이 입을 안 가리고 트림을 한다.
☐ 술집에서 누군가 만취해서 큰 소리로 떠든다.
☐ 동료가 실수한 일의 책임을 나에게 돌린다.
☐ 경찰이 수상한 눈길로 음주 측정기를 들이민다.
☐ 지하철에서 게임 중인데 옆자리 아저씨가 자꾸 힐끔힐끔 쳐다본다.
☐ 매표소 직원이 몇 번을 말해도 이름을 잘 못 알아듣는다.
☐ 식당 테이블에서 걸레 쉰 냄새가 난다.
☐ 여럿이 모인 자리에서 상사가 주어 없이 일을 시킨다.
☐ 앞사람이 헬스 기구에 땀을 잔뜩 묻혀 놓고 그냥 가버린다.
☐ 유튜브 자막에 심한 비속어나 은어가 자꾸 나온다.
☐ 카페에서 옆 사람이 자판을 너무 크게 친다.
☐ 새로 산 접시에 스티커가 너무 딱 붙어 있어 떼기 어렵다.
☐ 빌려준 카메라를 돌려받았는데 카메라 바디에 흠집이 났다.

□ 백화점 냉방(난방)이 너무 세다.

□ 더워서 창문을 열어뒀는데 담배 냄새가 들어온다.

□ 옆집 사람이 음악을 크게 틀어서 내 방까지 들린다.

체크를 끝냈다면 총 몇 개 항목에 체크했는지 세어 보고, 자신에게 해당되는 설명을 찾아 읽습니다.

3개 미만

온화한 편입니다. 스스로는 화를 안 낸다고 믿지만, 실은 화가 뇌에 축적되는 경우도 있습니다. 이를 파악하기 위해 1장부터 읽어 보세요. 주변의 신경질적인 사람과 어떻게 지내면 좋을지 확인하는 데에도 이 책이 도움이 될 겁니다.

4~9개

평균 범주에 드는 레벨입니다. 2장의 사례 중 내 얘기 같은 사례가 몇 개 있을 것입니다.

10~15개

다소 신경질적인 사람이라고 볼 수 있습니다. '작은 일'로 쌓인 화가 뇌에 상당히 축적되어 있습니다. 2장에서 소개하는 대중적인 테크닉보다는 1장과 3장에 설명된 '화의 근원'부터 알아두는 편이 좋습니다.

16~20개

상당히 성급합니다. 이대로라면 행복과 점점 멀어지겠네요. 책을 처음부터 끝까지 정독한 뒤 차분한 마음을 되찾아 보세요.

21개 이상

책을 읽다 '아니야!'라고 화를 낼지 모릅니다. 2장 끝의 칼럼에 소개된 '운동'을 적극적으로 활용해 매일 의식적으로 실천해 보세요. 그렇게 2주쯤 지속하면 큰 변화가 느껴질 거예요. 만약 화로 인한 문제 상황이 생겼다면, 전문가와의 상담을 권합니다.

1장

———

알려지지 않은
화의 정체

작은 화일수록
쌓이기 쉽다

　제가 아는 여성 중에 '보살'로 불릴 만큼 모두에게 너그러운 분이 있습니다. 아무리 무례한 사람도 그의 입장에 서서 너그럽게 받아들여 상대의 마음을 열게 합니다.

　그러나 '착한 사람'은 이용당하기 쉽습니다. 회사는 그녀의 그런 점을 이용해서 이런저런 일들을 계속 떠맡기면서 혹사시켰습니다. 그녀는 회사의 입장도 이해가 가니 어쩔 수 없다며 끝없이 밀려드는 일들을 처리했습니다. 그런데 어느 날 배가 아파서 회사에 출근하지 못하게 되었습니다.

　회사가 부당하게 그녀를 질책하거나 월급을 주지 않았던 것은 아닙니다. 그저 평소 회사가 요구한 것들은 '작은 일'이었습니다. 그녀는 뭔가 마음에 걸리긴 했지만 모두

'작은 일'이라고 생각한 만큼 참아 넘겼습니다. 그러나 그러는 사이 그녀의 몸에 큰 변화가 일어나고 있었습니다.

저를 찾아왔을 때, 그녀는 겉보기에도 생기가 없고 초췌한 모습이었습니다. 이야기를 들으면서 문제는 '작은 분노의 축적'에 있다는 사실을 확연히 알 수 있었습니다. 그리고 상담을 할 때 그녀의 치아를 보고 '역시!' 하고 생각했습니다. 치아가 엉망진창이었습니다.

— 잠을 잘 때 이를 꽉 물고 있구나.

본인은 화나지 않는다고 믿고 있었지만 뇌와 몸은 명백히 '화'를 내고 있었던 것입니다. '작은 일'로 인한 '작은 분노'가 깨닫지 못하는 사이에 점점 쌓여 원인을 하나로 특정할 수 없는 거대한 '화 덩어리'로 성장해버린 것입니다.

'작은 일'을
참는 이유

그녀는 '작은 분노'의 축적으로 인한 무의식의 스트레스 때문에 우울증 직전 상태까지 발전했습니다.

그럼 '작은 일'은 왜 이렇게 쌓이기 쉬울까요?

그것은 화는 겉으로 드러내지 않는 게 좋다는 우리 사회의 가치관과 깊은 관계가 있습니다.

그녀도 끊임없이 밀려드는 지시와 요구에 어렴풋이 불공평 같은 감정을 느끼고 있었지만 그곳은 회사입니다. 거부하면 안 된다는 윤리관이 머릿속에 자리 잡고 있어서 '불만＝신경질'을 올바로 처리하지 못한 채 속으로 억누르고 있었던 것입니다.

신경질이 쌓이면 뜻밖의 부산물이 발생합니다.

다른 사람에게 신경질적인 모습을 보이지 않기 위해 아무렇지 않은 듯 행동해도 애써 외면한 신경질은 분위기로 새어나옵니다.

결과적으로 이런 타입의 사람은 다른 사람에게 '고상한 척하며 남을 깔보는 듯한 인상'을 줍니다. 그래서 상대는 점점 거리를 두고 차가운 태도를 보이며, 더 진행되면 '얼마나 잘나서.'라며 적의까지 품기도 합니다.

'착한 사람이 화나면 무섭다.'라는 말은 의외로 과학적 근거가 있는 말입니다.

그럼 신경질은 왜 생길까요?

신경질이란 '작은 화'입니다. 한순간 돌발적으로 조금 화를 낼 때 '울컥'한다고 하는데 신경질은 이보다 조금 길게 이어지는 것을 말합니다. 하지만 모두 근본은 같은 화입니다. 이 화의 정체를 조금 더 깊이 알아보겠습니다.

화가 나는 원인은
하나가 아니다

예의가 없는 신입사원에게 울컥하거나, 어려운 일을 억지로 강요하는 상사에게 속이 부글부글 끓거나, 자전거를 타고 함부로 거리를 내달리는 사람이나 뉴스에서 떠들썩하게 떠드는 불륜 스캔들을 보고 분개하거나….

이것은 모두 신경질입니다. 그러나 각각 종류가 전혀 다른 신경질입니다.

오늘 신경질 나는 일이 있었다고 누군가에게 불평하면 보통 지친 거 아니야, 너무 민감해하지 마, 누구나 신경질 날 때가 있는 법이야, 라는 대답이 돌아옵니다.

이런 위로의 말이 아무 도움이 되지 않는 이유는 마치 화의 원인이 하나인 것처럼 말하기 때문입니다.

그런 말을 진지하게 받아들여 '피곤하니 오늘은 일찍 잠을 자자.'라며 잠자리에 들어도 화는 해소되지 않습니다. 다음 날 아침 눈을 떴을 때 '어제 그 신입, 짜증나.'라며 다시 화가 납니다.

화의 원인은 하나가 아닙니다. 더욱이 작은 신경질은 하루 중 일상생활의 다양한 상황에서 두 손으로 헤아릴 수 없을 만큼 빈번하게 발생하기 때문에 그 원인도 다양합니다. 화가 나면 화를 내는 응당한 이유가 상황에 맞게 존재합니다.

화를 진정시키기 위해서는 먼저 원인을 올바로 파악하는 것이 필수 조건입니다. 그리고 '보통의 화'에 비해 '작은 화'는 예상하지 못한 곳에 원인이 숨어 있는 경우가 많습니다.

그래서 지금부터는 다양한 화의 종류에 관해 설명하면서 '신경질이 나는 진짜 원인'을 규명하기 위한 방법을 소개하겠습니다.

화는 왜
무한 증폭되는 걸까

화란 어떤 감정일까요?

가장 원시적인 화의 형태는 '방어 기제로서의 화'입니다. 즉 내가 위험에 처했다고 느꼈을 때 끓어오르는 감정입니다.

개는 자기에게 해를 가하려는 상대에게 '으르렁'하고 화를 내며 위협합니다. 이것은 나를 향한 위협에 대한 화입니다. 인간의 경우도 앞에서 누군가 휴대폰을 보며 나의 반경 오십 센티미터까지 다가오면 부딪힌다는 위기의식을 느끼고 화가 끓어오릅니다. 이것이 화의 기본형입니다.

그런데 실제로 화는 이 이외의 형태를 띠는 경우도 많습니다.

가령 휴대폰을 보면서 걸어가는 상대가 몇 미터 앞에 있다는 사실을 파악하고 친구에게 위험하다고 말했는데 친구가 별일 아니라는 듯 무시했습니다.

이때 '뭐야, 이 녀석!'이라고 느끼는 화는 직접적인 위기의식이라기보다 '내가 무시당한 데 대한 화'입니다. 이것은 앞의 '방어 기제로서의 화'에 비해 작은 신경질로 축적되기 쉬운 성질을 지니고 있습니다.

상대를 컨트롤하려는데 생각대로 움직이지 않을 때 사람은 화가 납니다. 이것은 말을 듣지 않는 상대는 위협이 될지 모른다고 느끼는 것으로 말하자면 '미래의 위협'에 대해 화를 내는 것입니다.

화의 범위는 여기에만 머무르지 않습니다.

다시 앞의 경우로 돌아가서 휴대폰을 보면서 걸어가는 상대가 오십 미터 앞에 있는 건널목에서 빨간 신호를 무시하고 길을 건너는 광경을 목격했다고 가정합시다.

이때 순간적으로 느끼는 '저 사람은 왜 신호를 지키지 않는 거야!'라는 화는 '정의의 화'입니다.

아직 나에게 직접 위해를 가할 가능성은 없지만 '룰을 지키지 않는 사람이 있으면 언젠가 사회 전체에 위험이 미칠지 모른다.'라는 생각에 불안해집니다. 그 위험을 미리 방지하려는 감정이 정의의 화입니다. 그리고 이 화도 작은 신경길로 뇌에 축적되기 쉬운 성질을 지니고 있습니다.

이처럼 본래 '위험해!'라며 양손을 벌린 범위(자기를 중심으로 일 미터) 내에 머물러야 할 화가 실제로는 미래와 사회 전체까지 점점 범위가 넓어집니다.

저는 항상 반경 일 미터 이내의 위협에 대해서만 화를 내자고 정했습니다. 왜냐하면 그 외의 다른 일로 화를 내면 끝이 없기 때문입니다. 그러나 그렇게 하지 못하고 늘 화를 내고 괴로워하고 있습니다.

왜 그럴까요. 어째서 화의 대상은 점점 늘어나고 화는 멈추지 않을까요. 이제부터 그 문제에 관해 설명하겠습니다.

화의 원인 1.
불필요한 정보를 취한다

사람이 화를 내는 상황 중에 '정보에 필터가 없을 때'가
있습니다. 무슨 말일까요?

걸어갈 때 길가에 있는 개똥이나 번화가 전봇대에 술
취한 사람의 구토물처럼 '보기 싫은' 게 눈에 띄는 경우가
있습니다. 바로 눈을 돌려도 이미 때는 늦습니다. 머릿속
에 영상이 선명하게 각인되어 불쾌한 기분을 지울 수 없
습니다.

보통 사람은 시간이 지나면 이런 일을 잊어버리지만 그
런 불쾌한 기억이 계속 머릿속에 남는 사람도 있습니다. 떠
올리기 싫은데 또 생각나서 하루 종일 화가 납니다.

본래 인간의 뇌에는 '나와 관계없는 정보는 필터를 끼워

통과시키는 기능'이 있습니다. 나와 관계없는 정보는 눈에 들어오지 않고 머릿속에 남지 않는 편리한 시스템입니다.

그런데 그 기능에 문제가 있는 경우, 필터링을 할 수 없어 점점 불쾌한 정보가 머리로 들어오고 좀처럼 뇌리에서 지울 수 없습니다. 그러면 나와 관계없는 일인데 왜 개주인은 개똥을 치우지 않는 거야, 왜 주변 가게 사람들은 전봇대 주위를 깨끗이 청소하지 않는 거야, 하고 작은 일 하나하나에 신경질이 납니다.

빨간 신호에 건널목을 건너는 사람을 봐도 '왜 공중도덕을 지키지 않는 거야.'라며 그 일을 계속 떠올립니다.

이런 타입의 사람은 '모순이나 불합리를 느꼈을 때 화를 내는 특징'이 있습니다. 보통 사람은 그냥 넘기는 세상의 작은 불합리나 모순 하나하나에 반응합니다. 또한 그런 감정이 해소될 때까지 뇌리에 '왜? 어째서?'라는 의문이 떠나지 않습니다.

그 의문은 시간이 아무리 흘러도 해소되지 않기 때문에 계속 뇌리에서 사라지지 않은 채 쌓여 스트레스가 되고, 이윽고 모순은 나를 괴롭히는 것이라는 인식을 갖게 됩니다. 그래서 모순된 일에 대해 '왜!'라고 화를 내게 되는 것입니다.

즉 '왜 빨간 신호인데 건널목을 건너는 거야.'라는 화는

'정의감'에서 오는 화가 아니라 '빨간 신호일 때 건너면 안 된다는 법을 왜 무시하는 거야?'라는 모순에 대한 반응입니다.

이런 화는 머릿속 모순이 해소되면 저절로 사라집니다.
예를 들어 회사에서 동료에게 말을 걸었는데 무시당했다고 칩시다. 그때 '나는 아무 잘못도 하지 않았는데 왜 그런 태도를 보일까?'라고 머릿속이 모순과 화로 가득찹니다. 그러나 동료는 하드록 음악을 좋아해서 난청이고, 하필 그날따라 콘택트렌즈도 끼고 있지 않아서 누가 인사를 하고 말을 걸었는지 몰랐다는 사실을 나중에 알았다고 합시다. 그러면 모순은 해소되고 머릿속에서 상대에 대한 불쾌감도 사라집니다.

화의 원인 2.
계산을 못한다

사람이 화가 나는 배경 중에 '인간관계를 계산하지 못하는' 경우도 있습니다. 가령 타인과 거리를 얼마나 두면 좋은지, 또는 타인에게 얼마나 친절하게 대하면 좋은지 잘 계산하지 못하는 사람들이 있습니다.

세상은 타인과의 교류로 이루어져 있기 때문에 이런 사람들은 평소 작은 일로 신경질을 내기 쉽습니다.

예전에 어떤 사람이 세미나 강사 선생님에게 선물을 사는데 늘 뭘 살지 몇 시간이나 망설인다는 고민을 상담한 적이 있습니다.

저는 순간 그 고민을 전혀 이해하지 못했습니다. 그는 많은 돈을 지불하고 세미나를 듣고 있는데 굳이 강사에게 선물까지 줘야 할 이유가 없기 때문입니다.

　이야기를 상세히 들어보니 역시 그는 인간관계 계산이 서툰 타입이었습니다. 주위 사람이 웃는 얼굴로 인사만 해도 뭔가 답례를 해야 할 것 같아 먹을 것이나 선물을 사서 갔다고 합니다. 그리고 매일 '나는 이렇게 친절히 대하는데 왜 상대는 조금도 고마워하지 않을까?'라며 화를 냈었다고 합니다.

　그러나 일단 자신이 필요 이상으로 상대에게 친절히 대하고 있다는 사실을 이해하자 화도 사라졌습니다. 물론 세미나 강사에게 줄 선물로 고민하는 일도 없어졌다고 합니다.

　남의 떡이 커 보인다는 속담이 있습니다.

　평범하게 생각하면 다른 사람의 떡이 커 보이는 이유는 가령 그만큼 비용과 재료를 많이 투자해서 만들었기 때문입니다. 보통 계산을 잘하는 사람이라면 그 사람의 떡이 큰 건 당연하다고 여기며 화를 내지 않습니다.

　만일 남의 떡이 커 보여서 화가 난다면 당신은 '계산이 서툰 사람'입니다.

화의 원인 3.
뇌에서 전기발작이 일어난다

스트레스가 쌓인 사람은 배가 고플 때 신경질적인 증상을 보이는 경향이 있습니다.

공복으로 뇌에 에너지가 순환하지 않게 되고 신경 쓰지 않아도 괜찮은 화를 제어하는 뇌 기능의 저하가 이유 중 하나입니다. 그리고 또 하나 생각할 수 있는 것이 '발작'입니다. 작은 일이 발작 때문에 화로 이어지는 경우는 흔합니다.

스트레스는 뇌에 전기로 축적됩니다. 그 전기가 공복이 계기가 되어 찌릿찌릿 방전되면 화가 됩니다. 이 찌릿찌릿이 발작입니다. 평소에는 온화한데 공복일 때면 사소한 일에 딴사람처럼 화를 내는 사람은 발작을 일으키기 쉬운 사람입니다.

다양한 '발작'

발작을 일으키는 원인 중에는 공복이 가장 흔하지만 그 외에도 계기는 많습니다. 대표적인 것을 소개하겠습니다.

◇ 소리

길을 가는데 뒤에서 '빵빵' 자동차 경적이 울린 순간 시비를 거는 거냐고 화를 내며 운전하는 사람을 노려봅니다. 이것도 찌릿찌릿 발작이 일으키는 현상입니다.

◇ 말

예전 코믹 형사 드라마에 이런 장면이 있었습니다. 평소에는 유약하기만 한 형사가 범인을 보고 동료가 소리친 순간, 완전 딴사람이 되어 범인을 때려잡았습니다. 허구이지만 말이 계기가 되어 발작을 일으켜 딴사람이 되는 사례를 잘 보여줍니다.

한 상사는 부하를 대하는 태도가 강압적이어서 회사에서 문제가 되었습니다. 본인은 부하직원의 이야기를 잘 들어야겠다고 생각하며 듣고 있었는데 갑자기 울컥해서 고함을 치는 경우가 있었습니다.

어느 타이밍에 화를 내는지 알아보니 부하직원이 "알고 있습니다."라는 말을 하는 순간이었습니다. 시험 삼아 상담 중에 "그런 건 알고 있습니다."라고 말하자 표정이 확 바뀌어서 놀랐습니다.

◇ 시선
타인의 시선에 발작을 일으키는 사람도 있습니다.
예를 들어 불량학생이 자기와 눈이 마주친 학생을 보고 '눈 깔아!'라고 소리치는 것도 찌릿찌릿 발작을 일으킨 것이라고 할 수 있습니다.

화의 원인 4.
다른 사람의 감정을 받아들인다

영화에서 악당이 주인공을 괴롭히면 어느 순간 주인공에 감정이입을 해서 너무하다며 정말로 화를 내는 경우가 있습니다. 상사의 강압적인 업무 지시에 푸념을 늘어놓는 친구의 이야기를 듣고 내 일처럼 화를 내는 일도 있습니다.

이처럼 상대의 기분이 되어 화를 내는 것이 '공감'입니다.

그러나 상대에게 공감하고 내 일처럼 화를 내도 어차피 남의 일이기 때문에 아무것도 해줄 수 없습니다. 한편 비록 남의 일이라도 이야기를 듣고 신경질이 나면 상대의 화가 어떤 형태로 해결될 때까지 받아들인 화는 좀처럼 사라지지 않습니다.

관리직의 스트레스를 연구한 유명한 실험이 있습니다.

이 실험에는 '의자에 고정되어 몸에 전기가 흐르는 고통을 느끼는 원숭이'와 '전원을 끄는 스위치를 누르는 원숭이'가 등장합니다. 양쪽을 비교하면 전기가 흘러 고통받는 원숭이(현장의 원숭이)보다 전원을 끄는 원숭이(관리직 원숭이)가 위궤양에 걸려 빨리 죽는 결과를 보였습니다.

이 실험을 통해 내가 고통을 당하는 것보다 고통을 받는 타인에게 공감하는 쪽이 더 강한 스트레스를 느낀다는 사실을 알 수 있습니다.

회사에서 기분 나쁜 일이 있었다는 남편의 푸념을 듣고 아내가 회사에 화를 낼 때가 있습니다. 이때 아내의 화는 회사는 물론 남편에게도 향하고 있습니다. 남편의 이야기에 공감하는 일이 스트레스가 되기 때문입니다.

남편이 육아에 관한 아내의 푸념을 듣기 전에 그런 이야기는 나중에 하라며 소리치는 경우가 있는데 이것도 같은 이유입니다.

상대에게 공감함으로써 당사자 이상으로 스트레스를 받게 되는데 자기는 해결할 방법이 없으니 상대에게 더 이상 스트레스를 받게 하지 말라고 화를 내는 것입니다.

주위에 친한 사람이 많을수록 이 공감이 계기가 되어 작은 일에 짜증을 내는 일이 증가하는 경향이 있습니다.

지금까지 다음 네 가지 '화의 원인'을 살펴보았습니다.

— 불필요한 정보를 취한다

— 계산을 못한다

— 뇌의 전기발작이 일어난다

— 타인의 감정을 받아들인다

이렇듯 작은 일이 신경질이 나게 하는 원인이 된다는 사실을 이해하셨습니까. 또 이런 신경질을 오직 참는(억제) 단순한 방법으로는 해소할 수 없다는 사실도 잘 이해하셨을 것입니다.

신경질적 인간은
신경질적 뇌의 소유자

작은 일로 화를 내는 사람은 보통 사람보다 신경질적일까요?

다음으로 신경질적인 사람과 그렇지 않은 사람의 차이를 생각해보겠습니다. 얼핏 아무런 차이가 없는 듯해도 실은 뇌의 활동에 차이가 있습니다.

신경질적인 사람의 뇌 혈류를 촬영하면 측두엽에 혈류가 집중한다는 사실을 알 수 있습니다. 측두엽이란 뇌의 측면, 바로 귀 위에 해당하는 부분입니다.

화와 공포를 느끼는 부위는 측두엽 안에 있는 편도체입니다. 이 부위가 과잉 반응하면 측두엽 전체에 혈류가 모여들어 화면에서 보면 '불 고리' 형태를 뒤집어쓴 것처럼 보입니다.

측두엽에 혈류가 집중하면 과잉 활동(오버워크)이 일어나기 때문에 뇌가 '화를 말로 잘 표현할 수 없는 상태'가 됩니다. 왜냐하면 측두엽에는 언어에 관여하는 부위도 모여 있기 때문입니다.

이 '말로 표현할 수 없는 화'가 바로 가장 큰 스트레스가 됩니다. 신경질적인 사람은 뇌에 지나치게 부담이 가해지면 화를 말로 잘 표현할 수 없어지고 화가 뇌에 축적되어 아주 작은 일에도 버럭 화를 내게 됩니다.

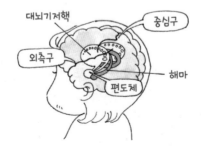

또한 화를 적절한 말로 바꾸지 못하는 대신 폭력적인 태도를 보이거나 폭언을 내뱉기도 합니다. 그러나 유감스럽게도 폭력적인 행동을 하고 폭언을 해도 뇌에 축적된 화는 해소되지 않습니다. 화는 그 화에 맞는 적절한 '말'이 아니면 발산할 수 없습니다.

　한편 신경질적이지 않은 사람은 뇌 전체에 골고루 피가 돌기 때문에 화를 말로 바꾸는 작업이 원활하게 이루어져서 화가 뇌에 축적되지 않습니다. 그래서 뇌의 혈류는 점점 안정됩니다.

　신경질적인 사람의 뇌에서는 '사고 전환'을 하는 부위가 과잉된 경우도 있습니다. 뇌가 좌우로 나누어진 '틈溝' 주위에 있는 대상회帶狀回라고 하는 부위입니다.

　이 부위가 정상적으로 기능하면 자동차 기어를 1단에서 2단으로 변환한 것처럼 울컥하면서도 '다른 일을 생각하자.'라고 재빨리 사고를 전환할 수 있습니다.

　그런데 대상회에 이상이 생기면 사고 전환이 잘 이루어지지 않습니다. 다른 사람은 신경 쓰지 않는 작은 일도 싫은 경험이라며 계속 머릿속에 남습니다. 이렇게 싫은 기억이 머릿속에 계속 남아 있는 동안 화는 축적되어가다 어느 순간 쾅 폭발하거나 심신에 이상을 초래하는 것입니다.

작은 일에 화내는 사람의
3가지 특징

앞에서 설명한 것처럼 뇌의 특징은 뇌를 촬영하지 않으면 알 수 없습니다. 또한 작은 일에 신경질을 내는 사람일수록 '나는 화를 겉으로 표현하지 않으니 신경질적인 사람이 아니다.'라고 생각합니다. 즉 자각이 없습니다.

그래서 여기에서는 신경질적인 사람의 행동에서 볼 수 있는 특징 세 가지를 들어보겠습니다. 하나라도 해당되면 신경질을 내기 쉬운 사람입니다.

특징 1. 나중에 후회한다

첫 번째 특징은 '아, 말할 걸.' 후회하고 '나중에 할 말이 많아진다.'는 것입니다.

신경질적인 사람의 뇌는 화를 그 자리에서 적절한 말로

표현하지 못하는 특징이 있습니다.

—왜 그때, 분명하게 말하지 않았을까!

—왜 싫다고 확실히 말하지 못했을까!

이렇게 지나간 상황을 계속 떠올리며 상대에게 하고 싶었지만 하지 못한 말을 되풀이해서 생각하는 사람은 이 타입에 해당합니다.

특징 2. 기억력에 자신 있지만 물건을 잘 잃어버린다

두 번째 특징은 기억력에 자신 있지만 물건을 잘 잃어버린다는 것입니다.

기억력이 좋다고 생각하는 사람은 과거의 싫은 기억도 계속 기억합니다. 반면에 휴대폰을 집에 두고 오거나 수첩을 카페에 두고 오는 등 물건을 잘 잃어버립니다.

이것은 화 때문에 '기억을 잃어버리기 때문'입니다.

뇌에서 화를 느끼는 부위와 기억을 정리하는 부위는 근접해 있습니다. 기억력이 좋은 사람은 싫은 일을 계속 기억하기 때문에 화를 느끼는 부위에 항상 과부하가 걸려 있습니다. 그러면 기억 부위가 꽉 차서 작은 일이 기억에서 쏙 빠져버리는 경우가 있습니다.

특징 3. 한 가지 순서에 집착한다

세 번째 특징은 '한 가지 순서에 집착'한다는 것입니다.

이 타입의 사람은 자기 머릿속에 있는 순서에 집중합니다. 그래서 다른 순서가 들어오면 짜증이 나거나 머리가 새하얗게 되어 아무 생각도 못하는 경향이 있습니다.

가령 여행에 가서 목적지에 도착한 후 '예정한 장소 외에 다른 곳도 돌아볼까?'라는 생각이 들 때 저항감을 느끼는 사람은 이 타입에 해당합니다.

이것은 뇌를 1단에서 2단으로 바꾸는 '사고 전환'을 행하는 부위가 과잉되어 '한 가지 일에서 다음 일로 전환하는 사고가 잘 안 되는' 문제와 관계가 있습니다.

눈앞의 문제에 유연하게 대응하지 못하고 정해진 방식에 집착하는 사람은 실은 신경질적인 사람입니다.

화는 신체와
연결되어 있다!

신경질적인 사람의 뇌 사진을 볼 때마다 손오공의 금고아 같다는 생각이 듭니다. 항상 화만 내고 있으니 측두부의 '화를 느끼는 부위'에 피가 집중해서 새빨갛게 보입니다. 하지만 그런 사람도 40분 정도 유산소 운동을 하면 혈류의 편중이 해소되기 때문에 머리가 맑아져 '어? 화가 나지 않네!'라고 느낍니다. 여기서 알 수 있는 것처럼 화는 '마음의 문제'라고 생각하기 쉽지만 실은 '신체의 문제'이기도 합니다.

이제 화가 신체에 미치는 뜻밖의 영향을 소개하겠습니다.

남편에게 청소도 제대로 못한다는 말을 듣고 어깨가 아프고 목이 잘 돌아가지 않게 된 여성이 있었습니다.

'목이 삔 걸까.', '잠을 잘못 잔 걸까.'라며 마사지를 해도 그때만 괜찮고 다시 통증이 반복되었습니다. 상담 중에 남편에게 받은 마음의 상처(화)를 치료해보았더니 목의 통증이 사라진 느낌이 들었다고 합니다.

이유는 간단합니다. 화를 내면 목의 통증을 느끼는 부위에 부담이 가해지기 때문입니다.

목 통증을 느끼는 부위는 뇌의 대상회입니다. 1장에 나와서 기억하는 분도 있을 텐데 이 부위는 사고 전환을 행하는 부위이기도 합니다. 이 여성의 경우 남편이 한 말을 잊고 싶은데 화가 나서 잊을 수 없는 상태로 대상회가 과잉되어 목에 영향이 나타난 것입니다.

허리와 무릎의 통증을 느끼는 부위도 대상회입니다. 신경질적인 사람은 사고 전환을 할 수 없어서 사고에 공백이 생기고 대상회가 과잉 활동을 일으키기 쉽습니다. 그래서 원인 불명의 요통이나 무릎 통증이 생기는 경우가 있습니다.

위장이 안 좋은 사람은 신경질적

화가 나면 당질코르티코이드라고 하는 호르몬 작용으로

소화액 분비가 저하되고 위장 활동이 억제됩니다. 화를 잘 내는 사람은 위가 아프다며 위장약을 자주 먹는데 이것은 화로 인해 소화 기능이 떨어졌기 때문입니다. 그래서 화를 자주 내는 건 몸에도 좋지 않습니다.

반대로 위장이 안 좋아 단식하니 머리가 맑아지고 신경질을 내지 않게 되었다는 분도 있었는데 새삼 위장의 상태가 나쁘면 짜증이 난다는 사실을 실감했습니다.

식단에 신경을 써서 위장에 부담을 주지 않는 것도 작은 일에 신경질을 내지 않기 위해 중요한 일입니다.

호흡을 가다듬으면 화가 진정된다

화가 났을 때 심호흡을 하라는 조언을 들은 사람이 있을 것입니다. '그런 거로 화가 진정된다면 고생하지 않아!'라고 생각할지 모르지만 다음과 같이 생각하면 심호흡은 이치에 맞습니다.

화가 나면 교감신경(투쟁과 도주의 신경)이 민감해지고 심박수가 올라가 혈류가 증가합니다. 반대로 심호흡을 해서 호흡 운동을 억제하면 뇌의 '화의 부위'에 혈류가 집중되는 것을 막을 수 있습니다.

그러나 화를 낼 때 천천히 호흡하기란 매우 어려운 일입니다. 그래서 제가 생각한 것은 '나의 호흡에 주의를 기울이는 방법'입니다.

요령은 다음과 같습니다. 숨을 들이쉬고 내쉴 때마다 '지금 숨을 들이쉬고 있다.', '지금 숨을 내쉬고 있다.'라는 식으로 머릿속 말을 합니다.

인간의 신체에는 항상성恒常性이라는 시스템이 있어서 호흡은 의식을 기울이기만 해도 저절로 균형을 유지하려 합니다. 의식적으로 리듬을 조절하려면 잘 안 되지만 신체의 항상성에 맡기면 자연스럽게 이루어집니다.

2장

사례로 해결하는
다양한 화

이유 없는
화는 없다!

이번 장에서는 실제로 '작은 일'을 계기로 생긴 화의 상담 실례를 통해 화를 어떻게 받아들여야 진정시킬 수 있는지 설명하겠습니다. 이들 사례는 모두 일상에서 흔히 일어나는 일이기 때문에 분명 도움이 될 것입니다. 이야기를 들을 때 제가 느낀 '상담자의 신경질 레벨'을 ★(4점 만점)으로 표시했습니다.

화를 잘 해소하기 위한 포인트는 '화의 원인을 올바로 파악'하는 데 있습니다. 내가 무엇에 대해, 어떤 이유로 화를 내고 있는지 알면 얼마든지 손쓸 방법이 있습니다. 그럼 어떻게 해야 원인을 제대로 발견할 수 있을까요.

화의 원인을 알 수 있는 '화 발견기'

어느 날 저는 재미있는 경험을 했습니다.

회의에 늦게 들어온 사장이 문을 연 순간, 왠지 새끼손가락을 콕콕 찌르는 느낌이 들었습니다. 사장은 자리에 앉자마자 "자네들, 대체 뭘 하고 있었나!"라고 화를 냈습니다. 그 뒤로도 몇 번이나 사장이 들어오고 손가락을 콕콕 찌르는 느낌이 들 때면 반드시 사장이 화를 낸다는 사실을 깨달았습니다.

왜 사장이 화를 내면 손가락이 반응하는지 의아하게 여겼는데 어느 날 신경질적인 환자의 뇌 혈류를 촬영한 영상을 조사할 때 재미있는 사실을 깨달았습니다.

뇌 혈류 영상에서 온도가 높은 부위는 빨갛게 표시됩니다. 이 환자의 경우, 화를 내는 부위부터 손가락을 움직이는 부위까지 새빨갰습니다.

즉 화를 내면 손가락을 움직이는 부위가 영향을 받는다는 사실을 알았습니다. 이 발견을 통해 '손가락을 이용하면 누구나 손쉽게 화의 원인을 알 수 있지 않을까.'라는 생각이 들었습니다. 이름하여 '화 발견기'입니다.

그래서 상사가 자기를 이해해주지 않아서 눈물을 흘리며 화를 내던 상담자에게 화 발견기를 시험해보았습니다.

방법은 아주 간단합니다. 주로 사용하는 팔의 어깨 힘을 빼고 손목 유연 체조를 할 때처럼 손가락 끝을 흔들도록 했습니다. 그리고 머릿속으로 '상사에 대한 화'라고 되뇌게 했습니다. 상담자는 아무렇지 않다며 쓸데없는 짓을 한다는 투로 말했습니다.

다음으로 '상사 이외의 사람에 대한 화'라고 머릿속으로 되뇌며 손가락 끝을 흔들라고 했습니다. 이때도 아무렇지 않다며 불만스러운 반응을 보였습니다.

그런데 '잠 부족에 대한 화'라고 되뇌며 손가락 끝을 흔들었을 때 "이거 뭐예요?"라고 물어보며 "검지를 미세하게 안쪽으로 잡아당기는 느낌이 든다."고 말했습니다. 그리고 다시 "실은 요즘 스마트폰에 빠져 새벽 두세 시까지 하느라 잠을 전혀 못 잡니다."라고 말해서 놀랐습니다.

잠이 부족해서 상사에게 신경질이 났던 것뿐이라는 사실을 깨달은 순간 상담자의 화는 진정되었습니다.

시험해보고 싶은 분을 위해 '화 발견기' 사용 순서를 소개하겠습니다.

① 주로 사용하는 쪽의 어깨에 힘을 빼고 손목 유연 체조를 하듯 손을 흔듭니다.

② 화의 원인으로 여겨지는 일을 머릿속에 떠올립니다.

③ 그 원인이 맞으면 손가락을 미세하게 잡아당기는 듯한

느낌이 들거나 찌릿찌릿하거나 손가락이 안쪽으로 구부러집니다.

④ 틀리면 손가락이 반응하지 않으니 다른 원인을 떠올리고 손을 흔들면서 계속 확인합니다. 손가락이 반응하면 그것이 '원인'입니다.

⑤ 평소에 손가락을 흔들며 '나는 무엇에 화를 내고 있는가?' 확인하는 것을 습관화하면 뇌에서 손가락을 움직이는 부위와 언어를 사용하는 부위가 자극을 받아 활성화되고 화의 진짜 원인과 연결되기 쉬워집니다. 그렇게 되면 화 발견기의 정밀도도 점점 향상됩니다.

화의 진짜 원인이 떠오른 순간 화를 뱉어내고 싶다고 생각하는 '언어를 사용하는 부위'가 '그거야!'라고 반응합니다. 이때 가까이 있는 '손가락을 움직이는 부위'가 영향을 받습니다. 이것이 화 발견기의 원리입니다.

중요한 것은 어떤 원인을 떠올렸는데 손가락이 전혀 반응하지 않고 오히려 점점 더 화가 나면 그것은 '진짜 원인'이 아닙니다. 진짜 원인을 떠올리면 '화가 말로 변환'된 상태가 되고, 화의 감정이 해소되는 방향으로 향하기 때문입니다.

화 발견기로 화의 진짜 원인을 파악하면 원인을 제대로

알지 못해서 지금까지 화가 사라지지 않았다는 사실을 알게 됩니다.

'마법의 언어'로 화를 진정시킨다

또 이번 장에서는 신경질의 종류에 따라 잠재의식 레벨로 화를 진정시키는 '마법의 언어'도 소개하겠습니다.

화를 낼 때 '네가 나빠!'라고 상대를 책망하는 이면에는 '왜 이런 일로 화를 내는 거야.'라는 스스로를 책망하는 마음이 있습니다. 그때 마법의 언어를 일곱 번 정도 머릿속에서 되풀이하면 일종의 암시 효과로 인해 화가 나는 건 내 탓이 아니라고 마음을 달래주는 효과가 있습니다.

마법의 언어를 외움으로써 나에게 향하던 화의 스위치를 끄면 신기하게 '뭐, 아무렴 어때.'라는 마음이 듭니다.

가사를 전혀 하지 않는
남편

우리 집은 유치원에 다니는 다섯 살 아들이 있는 맞벌이 가정입니다. 저도 일을 하고 있는데 남편은 일 때문에 피곤하다는 이유로 집안일을 일절 도와주지 않습니다. 그뿐 아니라 "일이 빨리 끝나면 개인 시간 갖는 게 어때서."라고까지 합니다. 화가 한계에 다다랐습니다. (A씨, 27세 여성, 신경질 레벨 ★★★)

Solution

남편에게 화가 나는 '동기'를 생각하자

작은 일을 웃으며 넘길 수 있으면 편하겠지만 그것이 가능하다면 이 책을 보지 않을 것입니다. 그럼 어떻게 하면 좋을지 생각해보겠습니다.

남편에게 집안일을 도와주지 않는다고 화를 내면 피곤하다는 말을 듣기 십상입니다. 또 "집에 빨리 와서 아이와 밥만 같이 먹는 사람한테 그런 말을 듣기 싫어!"라는 말을 들으면 한층 화가 날 게 뻔합니다.

그런 상황이 눈에 선하다면 남편에게 불평해도 소용이 없습니다. 그런데도 왜 화를 내고 싶은 마음이 드는지 생각해보면 재미있는 점을 발견할 수 있습니다.

A씨는 직장에서 돌아온 남편이 아무 말도 하지 않았는데도 '당신은 일이 빨리 끝나서 좋겠어.'라고 비아냥거리는 듯한 마음이 든 적이 있었습니다. 아이를 재운 뒤 티브이를 보며 잠시 쉬고 있을 때도 문득 '남편은 이런 느긋한 시간이 있을까.'라고 왠지 미안한 기분이 들 때가 있다고 합니다.

즉 무의식중에 남편이 '당신은 그리 대단한 일을 하는 것도 아니잖아!'라고 여기는 것을 두려워하고 있었던 것입니다. 그래서 선수를 쳐서 집안일의 고됨을 알아달라고 화를 내고 있었던 것입니다. 그 사실을 깨달은 순간 '그렇구나.'라며 화는 진정되었습니다.

남편보다 일이 일찍 끝나는 데 대한 미안함이 들 만큼

'남편의 고됨을 이해하는 나'를 깨닫는다면 남편에게 왜 그렇게 화를 내고 있었는지 미안한 마음이 듭니다. 이런 식으로 화의 뿌리를 더듬어가면 뜻밖의 나를 발견할 수도 있습니다.

실은 남편에게 화를 낸 것이 아니다?

또 한 가지 화 해소법은 화 발견기를 사용해서 '화의 원인'을 찾는 일입니다.

남편에게 '울컥'하면 손을 흔들며 '남편에 대한 화'라고 머릿속으로 되뇝니다. 손가락이 반응하지 않을 때는 남편에게 화를 내는 것이 아닙니다.

A씨의 경우 손을 흔드는 동안 매일 통화를 하는 친정어머니가 떠올랐습니다. 가끔 남편에 대한 불만을 이야기해도 "나는 평생 참으면서 너희들을 키웠다."라고 늘 고생한 이야기를 하며 화나는 A씨의 기분을 조금도 이해해주지 않았습니다.

어쩌면 매일 신경질이 나는 이유는 그런 어머니에 대한 화가 아닐까, 생각하며 손을 흔들자 약지 손가락에 찌릿 반응이 왔습니다. 사실은 어머니에게 화를 내고 있었다는 사실을 깨닫자 남편에 대한 화는 저절로 사라졌습니다. A씨의 화가 해소되지 않았던 것은 화의 원인을 잘못 알고 있었기 때문이었습니다.

이렇게 '이해받지 못하는 화'에는 '슬픔의 반환'이라는
마법의 언어를 머릿속으로 되풀이하십시오.

상대에게 이해받지 못하는 화는 종종 슬픔의 감정으로
인식됩니다. 화로 인식되지 않는 화는 언제까지나 지속됩
니다. 하지만 '슬픔의 반납'이라고 되풀이하는 사이 슬픔의
이면에 있는 화의 존재를 깨달으면서 이런 화는 필요 없다
고 화를 자연스럽게 놓아줄 수 있습니다.

한 말을 금방 잊어버리는
상사

상사가 신입사원 연수 셔틀버스를 준비하라고 지시해서 그
대로 따랐는데 "셔틀버스는 필요 없는데, 쓸데없는 짓을…."
이라며 뭐라고 했습니다. 자기가 지시한 사실은 새까맣게 잊
고 그대로 따른 부하직원에게 뭐라고 하는 상사에게 매일 울
컥합니다. (K씨, 35세 여성, 신경질 레벨 ★★★)

Solution

안하무인 상사에게도 존재 이유는 있다

상사에게 본인이 말한 걸 어떻게 매번 잊어버릴 수 있는
지 속 시원하게 말할 수 있으면 어느 정도 화는 해소됩니

다. 물론 K씨도 그걸 알고 있습니다.

그렇다면 그는 왜 하고 싶은 말을 하지 못할까요? 그 이유를 살펴보면 재미있는 점을 발견할 수 있습니다.

상사를 무서워하기 때문일까요? 아닙니다. 그렇게까지 상사에게 위축된 것은 아닙니다. 그럼 상사를 화나게 하면 성가시기 때문일까요? 이것도 아닙니다. 이미 많은 성가심을 참고 있으므로 다소 상대를 화나게 해도 상황은 현재와 별로 달라지지 않을 것입니다. 그렇다면 피곤해서 잘 잊어버리는 상사가 불쌍하다는 이유는 어떨까요? 전혀 아닙니다.

평소 상사에게 불합리한 일로 책망을 받으면서 K씨는 왜 화를 내지 않았을까요? 이야기를 들어보니 동료들이 힘들겠다며 동정하고 업무도 도와주기 때문이라는 사실을 알 수 있었습니다.

그래서 K씨는 안하무인 상사에 대한 불만을 공유함으로써 직원들의 팀워크가 좋아진다는 사실을 깨달았습니다. 직원들의 화가 상사에게 향하고 있어 직장 내에는 일종의 연대감이 생겼습니다. 누군가 실수를 해도 타깃이 되는 일은 없고, 상사의 안하무인만 눈을 감으면 아주 좋은 직장이었던 것입니다.

이것도 실은 상사의 덕분이었는지 모릅니다. 그렇게 생각하니 화도 싹 사라졌습니다.

상사의 폭언을 진심으로 받아들이지 말자

본래 K씨는 상사의 어떤 말과 행동에 화를 내고 있었을까요?

상사의 '적당주의'에 화를 냈다는 이유를 떠올리고 손가락을 흔들며 화 발견기로 시험했지만 반응이 없었습니다. 상사가 무책임하다는 이유도 마찬가지였습니다. 이것저것 시험하는 사이에 '상사 때문에 헛수고를 해서 화가 났다.'라는 생각이 들었습니다.

그러자 손가락이 '맞아! 맞아!'라고 말하듯 찌릿찌릿 반응했습니다. 화의 이유를 알게 되자 상사에 대한 화도 누그러들었습니다. 그렇지만 귀중한 시간을 낭비하게 만드는 화는 상사에게 휘둘릴 때마다 계속 끓어올랐습니다.

그럴 때는 마법의 언어로 화에 진정제를 주입합니다.

K씨에게는 상사에게 또 화가 났을 때 머릿속으로 '사교 언어의 습득'이라는 키워드를 반복하게 했습니다. 상대의 말을 진심으로 받아들이지 말고 흘려듣도록 하는 마법의 언어입니다.

그 후 K씨는 "상사의 말을 일일이 마음에 담아두지 않게 되었습니다."라고 기쁘게 이야기했습니다. 실은 K씨는 상사가 변덕이 심하고, 상사의 말을 일일이 진지하게 받아들이고 있었기 때문에 신경질적이 되었던 것입니다.

'사고 언어의 습득'이라고 자신에게 말함으로써 상사의 말을 흘려듣게 된 후부터 상사의 변덕에 따라 감정이 휘둘리지 않게 되었다고 합니다.

말이 통하지 않는
아내

아내와 말이 통하지 않아 신경질이 납니다. 며칠 전 이웃집 남자가 집 앞을 청소해줘서 고맙다고 인사하라고 하자 그 사람은 남의 험담만 해서 싫다고 했습니다. 그냥 고맙다는 인사만 하라고 해도 그런 타입의 사람은 싫다며 영 말을 듣지 않습니다. (H씨, 52세 남성, 신경질 레벨 ★★)

Solution

남편과 아내는 서로를 '보수적'이라고 생각한다

H씨는 아내가 보수적이어서 말이 통하지 않는다고 생각하고 있었습니다. 하지만 아내도 똑같이 생각할 것입니다.

'싫다는데 왜 남편은 내 말에 귀를 기울이지 않지. 말이 안 통해.'라고 생각할 것입니다.

여기에서는 일단 아내의 입장을 받아들이겠습니다. 이웃집 남자에게 인사를 할 필요는 없다는 아내의 생각이 옳고 H씨가 잘못했을 가능성을 생각해보는 것입니다.

H씨의 말을 들으면 H씨는 다른 사람이 작은 친절을 베풀면 인사를 해야 한다는 마음이 강해진다는 사실을 알 수 있었습니다. 인사를 할 기회를 놓치기만 해도 짜증이 났던 것입니다.

이것은 인간관계를 계산하지 못하는 사람의 특징입니다. 그래서 이 증상에 효과가 있는 마법의 언어 '내가 안 해도 괜찮아'를 머릿속에서 되뇌게 했습니다. 이것은 어떤 일의 가능성을 올바로 계산하고 '상대에게 나쁜 행동을 한 게 아닐까?'라는 불필요한 미안함으로부터 해방되기 위한 키워드입니다.

그러는 동안 H씨는 '왜 인사를 하는 일에 그렇게 집착할까?'라는 마음이 생겼습니다. 생각해보면 자기가 옆집 앞을 청소한 적도 있는데 옆집이 딱히 인사를 한 적은 없었던 것입니다.

'옆집이 우리 집 앞을 청소한 건 특별한 일이 아니다.' 이렇게 깨달은 순간 아내에 대한 신경질도 사라졌습니다.

노인에게 자리를 양보하지 않는 청년

혼잡한 출근길 지하철 안에서의 일. 젊은이가 앞에 할머니가 서 계신데도 휴대폰에 집중하고 있습니다. 힐끗 할머니를 올려다보았지만 못 본 척 다시 휴대폰을 들여다보는 모습을 보고 그만 울컥. 회사에 도착한 뒤에도 그 일을 떠올리면 화가 났습니다. (S씨, 40세 여성, 신경질 레벨 ★★)

Solution

화를 참는 일은 '주위를 위한 일'이기도 하다

상담 내용에서 알 수 있듯 S씨는 정의감이 아주 강한 여성입니다. 그래서 젊은 사람에게 직접 할머님에게 자리를 양보하라고 말할 수도 있었습니다. 그러면 회사까지 화를 품고 올 일도 없었을 것입니다.

그런데 S씨는 왜 젊은이에게 주의를 주지 않았을까요?

'아줌마, 남의 일에 상관하지 마세요!'라고 사람들 앞에서 창피를 당하는 것이 두려웠을 수도 있습니다. 하지만 그렇게 생각해도 화는 여전히 사라지지 않았기 때문에 그것이 이유는 아닙니다.

여러 이유를 생각하는 동안 '젊은이에게 자리를 양보하라고 말했다면 오히려 할머니가 난처할 테니 일부러 말하지 않은 건 아닐까?'라는 이유가 떠올랐습니다. 그러자 '그렇군요!'라며 납득했습니다.

즉 S씨는 화를 내서 화를 풀기보다 할머니의 입장을 존중했던 것입니다. 그것을 깨닫자 젊은 사람에게 아무 말도 하지 않았다는 씁쓸한 기억도 적절한 상황 판단으로 여겨졌습니다.

'정말 잘했어!'라는 생각과 함께 화는 별 문제가 되지 않았습니다.

우산 빗물에 치마가
젖었어요!

비 오는 날 만원 전철. 앞에 젖은 우산을 팔에 걸고 휴대폰을
보고 있는 남자가 있었습니다. 우산에서 빗물이 떨어져 내 치
마를 적시고 있는데도 남자는 휴대폰에 정신이 팔려 못 봤습
니다. 힘들게 젖지 않는 곳까지 피한 순간, 남자가 그곳까지
우산을 들고 와서 '울컥'했습니다. (O씨, 27세 여성, 신경질 레벨★★)

Solution

화의 이면에 숨어 있는 나의 선함을 깨닫자

앞의 사례처럼 만원 전철 안에서의 상황입니다.

단지 O씨의 경우, 손해를 입은 것은 제삼자가 아닌 나이

기 때문에 상대에게 직접 화를 내도 아무 문제가 없고 화도 간단히 해결되었을 것입니다. 그럼에도 왜 상대에게 아무 말도 하지 않았는지 생각해보겠습니다.

만원 전철 안에서 말을 하는 게 부끄러워 말하지 못했다는 이유를 떠올렸을 때, O씨의 화는 줄어들었습니다. 그렇지만 아직 화가 남았기 때문에 '한마디 더!'라고 생각해보았습니다.

그러자 '주의를 주면 상대에게 창피를 주기 때문'이라는 이유가 떠올랐습니다.

보통이라면 무신경하게 남의 치마를 적시는 상대에게 그렇게까지 신경 쓸 필요는 없습니다. 그러나 O씨는 '나도 무의식중에 똑같은 일을 한 적이 있을지 몰라. 그때 지적을 받으면 몹시 부끄러울 테니 다른 사람에게도 심하게 말하고 싶지 않았을 거야.'라고 생각했다고 합니다.

그러자 그다지 화가 나지 않았다고 합니다. 화의 이면에 숨어 있는 나의 선함을 깨달음으로써 O씨의 화는 해소되었던 것입니다.

그 순간 앞에 있던 남성은 자기 우산이 O씨의 치마를 적시고 있다는 사실을 깨닫고는 죄송하다고 사과했다고 합니다.

CASE 6

술집에서 술에 취해 시끄러운
회사원

퇴근 후 동료와 느긋하게 이야기를 하려고 술집에 갔을 때의
일입니다. 운이 나쁘게 가게 안에서 술 취한 회사원이 귀를
막고 싶을 정도로 커다란 목소리로 웃으며 떠들고 있었습니
다. 저질스런 대화 내용도 그대로 들렸습니다. 너무 귀에 거
슬려 맥주를 얼마 마시지도 않은 채 가게를 나와버렸습니다.

(I씨, 40세 여성, 신경질 레벨 ★★★)

Solution

화에 지배당하면 결국 손해를 본다

이야기도 못할 만큼 회사원들의 대화가 시끄러우면 직

원을 불러 부탁하면 됩니다. 조금 조용히 시켜달라고 부탁해도 직원은 성가신 손님으로 여기지 않을 것입니다.

그럼 왜 그렇게 하지 않았는지 생각하던 I씨는 예전 동창회에서 떠들다 지적을 들은 경험을 떠올렸습니다.

'맞아. 나도 종종 그런 적이 있으니 조용히 시켜달라고 부탁하길 주저한 거야.'라고 깨달았습니다.

생각해보면 I씨 일행의 웃음소리도 꽤 컸습니다. 만일 그 가게 안에 회사원들이 없었다면 본인들이 한소리 들었을지 모릅니다.

그렇게 생각하자 오히려 그런 상황이라면 자신들도 거리낌 없이 떠들었을 거라는 사실을 깨닫고 멋쩍은 기분이 들었습니다. 눈앞의 화에 사로잡히면 결국 손해를 보는 경우가 많습니다. I씨는 앞으로는 가게 안의 소음에 너무 민감해하지 않고 즐겨야겠다고 마음먹었습니다.

공복은 화의 방아쇠

I씨가 화가 난 데에는 또 다른 이유가 있을 수 있습니다.

1장에서 소개한 바와 같이 '공복'은 화의 방아쇠입니다. 즉 I씨 일행은 '배가 고플 때의 발작'으로 화가 났을 가능성이 있습니다. 누구나 공복일 때 기분이 안 좋아진 경험은 있을 것입니다.

또한 공복 상태에서는 소리에 민감해져서 작은 소음에
도 짜증이 나기 쉽습니다. 회사원들의 웃음소리에 민감하
게 반응한 것도 이런 이유였다고 생각할 수 있습니다.

그렇게 생각하면 I씨 일행이 서둘러 가게를 나온 행동은
아쉬움이 남습니다. 맥주 건배만 하고 가게를 나오지 말고
음식을 주문해서 먹었다면 옆자리 회사원들이 그렇게 거
슬리지 않았을 것입니다.

가게가 혼잡해서 음식이 늦어질 때는 언어의 힘을 빌려
도 좋습니다. '5분 후의 성찬'이라는 키워드를 머릿속으로
반복합니다. 이것은 뇌가 느끼는 공복 상태를 암시의 힘을
통해 일시적으로 완화하고 신경질을 느끼기 어렵게 하는
말입니다.

일곱 번 정도 머릿속으로 반복하는 동안 회사원들의 목
소리가 이전보다 귀에 거슬리지 않는다면 '공복이 원인인
화'라는 사실을 알 수 있습니다.

때려주고 싶을 만큼
건방진 청소년

태도가 불량한 청소년들을 보면 너무 화가 납니다. 주머니에 손을 집어넣고 등을 구부린 채 잘난 체하며 남을 전혀 배려하지 않고 팔자걸음으로 활개 치고 다니는 모습을 보면 신경질이 납니다. 버르장머리를 고쳐주고 싶습니다! (D씨, 49살 여성, 신경질 레벨 ★★)

Solution

타인에 대한 화는 나에 대한 메시지

D씨가 불량한 청소년들에게 직접 피해를 입었거나 위협을 당했다면 작은 일이 아니어서 주의를 주거나 경찰서에

신고하여 화를 발산시킬 수 있습니다. 그러나 그들의 존재 자체에 화가 나는 것이라면 D씨에게 가능한 일은 싫으면 보지 않는 것뿐입니다.

그러나 현실적으로 아무 일도 할 수 없는데 D씨는 왜 굳이 그들을 의식하고 화를 내며 시간을 허비하는 것일까요?

'불량 청소년을 개선하고 싶은 마음이 있나?'라고 생각하며 손을 흔들었지만 손가락은 꿈쩍도 하지 않았습니다. '그들에게 화를 내서 평소의 스트레스를 발산하고 싶은 걸까?'라는 이유도 아니었습니다. 오히려 D씨는 그들에 대해 생각하는 것 자체가 스트레스입니다.

'어쩌면 동료에 대한 혐오감 때문일까?'라고 생각했을 때 D씨는(D씨의 손가락도) 짐작이 가는 데가 있었습니다. 타인에게 오해받기 쉬운 성격의 D씨는 주위가 거북해하는 태도밖에 취하지 못하는 불량 청소년들의 모습에서 자기 모습을 보았던 것입니다.

그들에 대한 신경질은 '좀 더 원만하게 살자는 나에 대한 메시지'였던 것입니다. 그것을 깨닫자 왠지 그들이 사랑스럽게까지 여겨졌습니다.

업무의 어려움을
이해해주지 않는 상사

가전제품 판매점에서 근무합니다. 관리직으로 자잘한 사무 업무나 거래처와의 거래, 부하직원 어시스트 등과 같은 접객 외의 일도 많이 합니다. 하지만 임원들은 왜 접객 수가 적은 지 묻곤 합니다. 이전에도 잘 설명했는데 왜 이해해주지 않는 지 화가 납니다. (U씨, 48세 남성, 신경질 레벨 ★★★★)

Solution

화의 대상을 정확히 파악하는 것이 중요

U씨의 경우, 본인 업무의 어려움에 대해 이전에도 잘 설명했다고 하니 자기 생각을 상사에게 말하지 못한 채 끙끙

않는 것은 아닙니다. 그래서 '업무의 어려움을 상사가 알아주지 않는다.'는 화의 정체에 대해 좀 더 구체적으로 알아보기로 했습니다.

'내 노력을 상사가 인정해주지 않아서 화가 나는 걸까?' 라고 생각하자 점점 더 화가 났습니다. 화가 해소되지 않는다는 것은 근본 이유가 다른 데 있다는 것이니 다른 이유를 생각했습니다.

'상사가 일을 게을리한다는 식으로 말하는 것 같아 화가 나는 걸까?' 이번에는 화의 레벨이 조금 떨어졌습니다. 그래서 한발 더 파고들기로 했습니다.

'태만은커녕 나는 일을 너무 많이 하는 것 같다.' 이렇게 생각한 순간, 화가 확 누그러들었습니다.

즉 U씨의 화의 원인은 상사에게 인정받지 못하는 데 있는 게 아니라 업무 부담이 너무 크다는 데 있었습니다.

그것을 깨달은 후 상사의 말을 되새겨보자 새로운 발견을 했습니다. 상사는 딱히 접객 횟수를 늘리라고 말하지 않았고 단지 왜 적은지 그 이유를 물었을 뿐 U씨에게 지금보다 더 부담을 지우려 한 것이 아니었습니다. '그럼 그 말은 무리하지 말고 평소 업무에 집중하라는 의미가 아닐까?'

이렇게 생각하자 U씨의 마음은 너무나 편해졌습니다.

'왜 그렇게 혼자서 모든 업무를 짊어지고 있었을까?'라고 눈이 번쩍 뜨인 기분이었습니다.

모든 걸 혼자 짊어지지 말자

U씨처럼 만사를 혼자 짊어지는 타입은 인간관계 계산을 잘 못하는 사람입니다. 그래서 '내가 안 해도 괜찮아'(65쪽)라는 마법의 언어를 머릿속으로 반복하도록 했습니다.

그러자 부하직원과 거리를 잘 조절하지 못한 사실을 깨달았습니다. 부하직원이 U씨에게 너무 의존하는 상태였습니다. 그래서 '내가 안해도 괜찮아'라고 되뇌며 부하직원을 도와주는 걸 조금씩 줄였더니 자주적으로 일하는 경우가 늘어났습니다. '뭐야, 할 수 있잖아.'라고 생각하며 이제까지 부하직원이 성장하지 못한 건 자기 탓이었다는 사실을 깨달았습니다.

그리고 또 혼자 모든 걸 짊어지려고 할 때 다시 '내가 안해도 괜찮아'라는 말을 머릿속으로 반복했습니다. 모든 일을 자기가 맡으려는 습관을 개선했더니 U씨가 화를 내는 상황은 눈에 띄게 줄어들었습니다.

목적어가없는
상사의지시

여성 상사의 지시가 늘 애매해서 짜증이 납니다. "그 견적
서 가지고 와요."라는 식으로 말해서 어떤 견적서인지 물으
면 "당연히 A사 거죠."라고 불만스러운 표정을 짓습니다. A
사 견적서도 여러 가지라고 하면 "지금 필요한 게 뭔지 몰라
요?"라고 합니다. 목적어를 분명하게 말해주면 좋을 텐데. (J
씨, 36세 남성, 신경질 레벨 ★★)

Solution

화의 근원에는 눈에 보이지 않는 '불안'이 있다

불쾌한 말을 들은 것도 아닌데 울컥. 작은 일에 화를 내

는 전형적인 사례인데 이것이 신경질의 요인으로 작용하는 사람이 꽤 많이 있습니다.

　J씨의 경우는 최종적으로 상사와 의사소통은 이루어지고 있습니다. 즉 상사가 무슨 말을 하는지 전혀 몰라서 화가 나는 것이 아닙니다. 그럼 J씨는 무엇에 화를 내는 걸까요?

　먼저 생각할 수 있는 건 '이것, 저것 같은 말로 지시하면 내가 도구처럼 취급받는 것 같아 화가 난다.'라는 이유입니다.

　하지만 잘 생각해보면 상사는 자세히 설명하지 않아도 '이것'이나 '저것'으로 말이 통한다고 생각하기 때문에 J씨를 신뢰하고 있다고 할 수 있는 것이지 도구 취급하는 것이 아닙니다.

　그래서 '내가 지시를 잘못 알아들어 상사와의 신뢰 관계에 금이 가는 걸 두려워하는 게 아닐까.'라고 생각했더니 J씨의 화는 사그라졌습니다.

　목적어가 명확하지 않아도 상사의 마음을 헤아릴 수 있다면 그 능력 자체는 기쁘고 바람직한 것입니다. 하지만 언젠가 잘못 알아들어 상사의 신뢰를 잃어버리는 상황을 생각하면 불안해집니다. 그 불안을 지우기 위해 J씨는 상사의 지시 방법이 나쁘다고 선수를 치며 화를 냈던 것입니다.

이처럼 화의 근원에 있는 '불안'을 자각함으로써 화는 사라집니다.

스트레스가 쌓이지 않도록 자기주장을 하자

목적어를 빼고 대화를 하는 사람은 늘 타인의 기분을 생각하는 사람이기도 합니다.

이런 사람은 말하는 방식이 건방지고 잘난 체하는 것처럼 들리기 때문에 잘못됐다고 느낄지 모릅니다. 그러나 그거 부탁해, 이거 부탁해 같은 방식으로 말하는 것은 '본인의 생각을 상대에게 분명하게 전달하는 것을 거북해하는 사람'의 특징입니다. 이들은 타인의 기분을 고려해서 자기주장을 못하는 사람들입니다.

실은 J씨도 자기주장이 서툰 타입입니다. 가족과의 대화에서 그거 줘, 저거 줘와 같은 말투를 많이 씁니다. 그 사실을 깨달은 J씨는 그만 얼굴이 붉어졌습니다.

그래서 J씨에게는 자기주장이 서툰 사람이 자기 마음과 정면으로 마주하게 해주는 마법의 언어를 되뇌도록 했습니다. 키워드는 '진화는 이제 그만'입니다.

타인의 기분을 지나치게 고려하는 것은 인간으로서 '과잉 진화 상태'입니다. 인간은 좀 더 본능적으로 나를 우선해도 괜찮습니다. 무의식중에 자기주장을 참으면 스트레스가 쌓여 신경질적이 됩니다. 그 상황을 해결하기 위해 '진화에 브레이크'를 겁니다.

그러면 평소 가족의 식성에 맞추기만 하고 먹고 싶은 음식을 요구하지 않던 J씨는 내 기분을 우선하여 오늘 저녁은 돈가스를 먹고 싶다고 말하게 됩니다.

— 그렇군, 이제까지 자기주장을 하지 않아서 신경질적이었구나.

J씨는 새삼 깨달았고, 똑같은 스트레스를 받고 있던 상사의 모습에 자기의 모습이 겹쳐 화를 내고 있었다는 사실도 알게 되었습니다. 그 후로 상사를 나쁘게 생각하는 마음은 없어졌다고 합니다.

그게 손님을 대하는 태도?

며칠 전, 판매 직원 중에 화나게 하는 사람이 있었습니다. 상품을 살펴보고 있었는데 다른 손님에게만 신경 쓰고 저는 안중에도 없었습니다. "이거 어떻게 쓰는 건지 방법 좀…."이라고 물어도 "손님에겐 어려운가 보군."이라며 싱긋싱긋. 농담이라고 해도 울컥할 텐데 손님에게 반말까지 하다니. (N씨, 49세 여성, 신경질 레벨 ★★★)

상대가 말하는 의도를 이해하면 화도 사라진다

영업의 세계에서는 고객에게 반말을 해야 매출이 올라

간다고 합니다.

　그러나 그런 특정 분야에서 통용되는 상식을 알았다고 해도 N씨의 화는 진정되지 않을 듯하며 화의 원인도 점원의 반말이 아닌 것 같았습니다.

　그래서 '다른 손님과 차별 대우를 받아서 화가 난 걸까?'라고 생각해보았더니 신경질이 한층 심해졌습니다. N씨는 "그런 점원에게 차별받았다고 이러는 건 아니에요."라며 불만스러운 표정이었습니다.

　그럼 '점원에게 모욕당한 것 같아 화가 난 걸까?'라고 생각해보았지만 역시 화는 진정되지 않았습니다.

　다음으로 '살 마음이 없는 걸 점원에게 간파당해 화가 났는지 몰라.'라고 생각하자 화가 사라지는 느낌이 들었습니다. 점원이 응대하고 있던 손님은 분명 N씨보다 사람의 말을 잘 믿을 것 같은 타입이었습니다.

　'그렇다고 해도 나의 어디를 보고 살 마음이 없다는 걸 알았을까?', '내가 그토록 알기 쉬운 사람일까?'라고 N씨는 스스로에게 화가 나면서도 '살 마음이 없는 사람을 상대하는 건 시간 낭비야.'라는 점원의 마음이 이해됐다고 합니다. 그때 N씨의 내면에서 들끓던 화도 사라졌습니다.

그 화는 '화풀이'가 아닐까?

결국 N씨는 무엇에 가장 화를 냈던 것일까요?

화 발견기로 찾아보니 손가락이 반응한 것은 '그 상품에 대한 화'라고 생각했을 때였습니다. 그래서 N씨는 자신에게 필요 없는 물건인데 갖고 싶은 마음이 생긴 데 화가 난 것이라는 사실을 깨달았습니다. N씨의 집에는 꼭 필요하다고 생각해서 샀지만 사용하지 않는 물품이 많았습니다.

그래서 N씨에게는 필요 없는 물건을 사고 싶은 마음이 들 때의 화에 효과가 있는 마법의 언어를 되뇌게 했습니다. 키워드는 '집착의 자각'입니다.

이 말을 되뇌면 필요 없는 물건을 가지고 싶어 하는 나의 집착을 깨달을 수 있습니다. 필요 없는 물건을 사려는 나에 대한 화를 점원에게 화풀이한 것이라는 사실을 깨닫자 N씨의 기분은 완전히 풀렸습니다.

이전에는 무언가에 홀린 듯 상품 진열대로 향하던 발길도 단호하게 돌릴 수 있게 되었다고 합니다.

고의로 해약 절차를
어렵게 해놓다니!

휴대폰 기종을 바꿀 때, 판매점에서 추천한 옵션으로 신청을 했습니다. 집에 돌아와서 그 옵션은 필요 없다고 여겨 해약하기 위해 통신사 홈페이지에 들어갔더니 해약 화면을 찾을 수가 없었습니다. 일부러 어렵게 해놓은 게 아닌지 화가 났습니다. (M씨, 48세 여성, 신경질 레벨 ★★)

Solution

문제의 '해결책'이 있으면 화는 사라진다

이것은 사람에 따라서는 작은 일일지 모르지만 화를 내는 사람의 처지에서는 작은 일이 아닙니다. 그런데 일부러 해약을 어렵게 해놓았다며 화를 내고 포기하면 문제는 해결되지 않고 화도 지속됩니다.

그럼 왜 그렇게 화가 나는지 생각해보겠습니다.

먼저 M씨는 '사기를 당한 것 같은 기분이 들어 화가 난다.', '통신사의 호구가 된 것 같아 화가 난다.'라는 이유를 생각해보았습니다.

얼마든지 생각할 수 있는 이유입니다. 또 해약을 못하면 M씨는 자기가 호구가 된 기분을 지울 수 없을 것입니다.

그러나 통신사는 사기 기업이 아닙니다. 만일 사기를 친 것이라면 사회 문제가 되었을 것이며, 실제로 대부분의 사람은 이런 복잡한 절차를 해결하여 해약합니다.

그렇게 생각하면 '퍼즐과 같은 해약 절차를 해결하지 못하는 나에게 화를 내는 게 아닐까?'라는 이유가 떠오릅니다. 그 순간 화가 누그러드는 느낌이 들었습니다.

M씨는 끈기가 부족한 타입입니다. 난해한 퍼즐이나 게임 등은 금방 포기해서 어릴 때 부모님에게 혼이 나곤 했습니다.

퍼즐을 풀지 못하는 데 화를 내는 것이라면 해결책은 간단합니다. 인터넷에서 잠깐 검색만 하면 얼마든지 공략법을 찾을 수 있습니다.

M씨는 곧 인터넷에서 같은 문제를 겪고 있는 사람을 검색했습니다. 그러자 기사들이 나왔습니다. 개중에는 컴퓨터 화면을 캡처한 사진과 함께 해약 절차를 설명한 것까지 있었습니다. 그대로 따라 하면 된다는 사실을 알자 통신사에 대한 화는 어느덧 사라졌습니다.

돈에 대한 집착을 버려야 돈이 모인다

M씨는 복잡한 해약 절차에 엄두가 나지 않는 자신에게 화를 내고 있었지 복잡한 해약 절차 자체에 화를 냈던 것이 아닙니다.

해약하지 못하는 자신에게 왜 그렇게 화가 나는지, 그 이유를 생각하자 시간낭비를 하는 스스로가 한심하다는 이유가 떠올랐습니다.

실은 이 시간낭비라는 말이 M씨의 화를 유발한 방아쇠였습니다. M씨의 가정은 그다지 유복하지 않아서 항상 부모에게 낭비하지 말라고 엄하게 혼나곤 했습니다.

그래서 M씨에게 '돈과 관련된 화'에 효과가 있는 마법의 언어를 사용하게 했습니다. 키워드는 '명예의 자각'입니다. 이 말에는 마음의 존엄을 강하게 의식함으로써 집착의 어리석음을 깨닫고 냉정함을 회복하는 효과가 있습

2장. 사례로 해결하는 다양한 화

90

니다.

돈 문제로 이내 울컥하는 것은 돈에 대한 집착 때문입니다. 그 집착을 떨쳐내기 위해 '명예의 자각'이라고 스스로에게 말하는 것입니다.

그 결과 시간을 낭비했다는 회 때문에 머리가 백지가 되는 일이 없어진 M씨는 복잡하고 성가신 해약 절차에 차분하게 임할 수 있었습니다. 돈에 대한 집착을 버림으로써 반대로 돈이 수중에 모이게 된 것입니다.

죄송하다는 한마디로
사과하는 기업

구매한 컴퓨터가 불량품이어서 회사에 연락하자 확인을 해
야겠다며 오히려 나를 의심하는 투로 말했습니다. 후일 교체
상품이 도착했는데 사과 전화는 한 통도 없었습니다. 화가 나
서 불만을 접수했더니 담당자가 죄송하다는 말만 반복해서
점점 화가…. (T씨, 36세 남성, 신경질 레벨 ★★★)

Solution

상대의 입장을 생각해보자

고객센터에 연락하는 시간, 교환 상품이 오기까지의 시
간 손실을 고려하면 T씨가 제대로 된 사과를 받아야 한다

고 생각하는 건 당연합니다.

그런데 생각해보면 '죄송합니다.'라는 말은 훌륭한 사과의 말입니다. 그런데도 T씨의 화는 왜 진정되지 않을까요? 그 답을 찾기 위해서 애초에 T씨가 무엇에 대해 화를 냈는지 생각할 필요가 있습니다.

컴퓨터가 불량품인 자체에 화를 내는 것은 아니었습니다. 그 화는 교환 상품이 온 시점에 해소되었습니다. 그럼 '처음 담당자의 태도에 화가 났다.'는 이유를 떠올릴 수 있습니다.

이 이유에 T씨는 납득했습니다. 구입한 컴퓨터가 불량품이라는 고객의 불만 접수에 담당자가 먼저 취해야 할 행동은 즉각 사과입니다. 그런데 확인을 해야겠다는 말에 T씨는 마치 자기가 부당한 클레임을 하고 있는 듯한 느낌을 받았습니다.

'그렇군, 블랙컨슈머 취급을 받은 데 화를 낸 거구나.'라고 T씨는 이해했습니다. 그런데 이때 문득 '어쩜 실제로 블랙컨슈머가 아니었을까.'라는 생각이 들었습니다. 적어도 두 번째 담당자에게는 그럴지도 모릅니다. 엉뚱한 사람에게 사과 방식이 틀렸다고 전화를 하는 사람은 블랙컨슈머가 맞습니다.

'담당자가 당황해서 죄송하다는 말밖에 못하는 것도 당

연하겠군. 나도 상사가 화를 내면 아무 말도 못할 때가 있잖아.'라고 생각하자 화가 말끔히 사라졌습니다.

화의 원인을 거슬러가면 이처럼 상대의 입장을 배려하는 일도 가능합니다.

타인의 화, 나쁜 에너지를 차단할 것

죄송하다고 사과하는데 화가 진정되지 않을 때 그것은 나만의 화가 아닐지 모릅니다.

구매한 컴퓨터가 불량품이라는 걸 알게 된 후 T씨가 인터넷에서 제품을 검색하자 수많은 댓글을 발견했습니다. 많은 사람이 제품의 문제점을 지적하고 있는데 회사 측 대응은 미온적이어서 불평이 들끓고 있었습니다.

T씨는 이런 상황을 겪은 게 자기만은 아니라는 사실을 알고 다소 위안을 받았다고 합니다. 한편으론 다른 사람의 피해사례를 볼수록 정말 나쁜 회사라며 새로운 화가 끓어올랐습니다.

이렇게 화를 내는 사람들의 영향을 받으면 진정되던 화가 다시 끓어오르는 경우가 있습니다. 말하자면 화를 내는 사람들의 네트워크에 접속해서 그들의 화를 자기 머리에 다운로드하고 있는 것입니다.

이 상태에서 벗어나기 위해서는 '네트워크 차단'이라는

키워드를 머릿속으로 반복해야 합니다. 그렇게 함으로써 화에 사로잡힌 집단의 나쁜 에너지로부터 벗어나 평온한 감정으로 돌아올 수 있고 타인의 화에 영향받는 것을 막을 수 있습니다.

친구가 올린 SNS
사진 댓글

친구의 SNS를 보면 항상 자기만 예쁘게 나온 사진을 올려서 화가 납니다. 얼굴이 이상하게 나온 나에 대한 배려는 전혀 없습니다. 친구에게 망신을 주면서까지 자기만 예뻐 보이고 싶은 걸까요? 신경질이 나서 어쩔 땐 잠도 잘 안 옵니다. (F씨, 31세 여성, 신경질 레벨 ★★★★)

Solution

순순히 '패배'를 인정하면 화는 진정된다

친구의 무심한 행동에 마음이 흔들리고 잠까지 못 이루는 건 패배를 인정하는 듯한 기분이 듭니다.

2장. 사례로 해결하는 다양한 화

그래서 '친구보다 못생긴 게 분한 마음에 화를 내는 걸까?'라고 생각해보자 화가 다소 진정됐습니다. 분명 사람을 잠 못 들게 할 만큼 사진이나 댓글의 위력은 대단합니다.

이럴 때는 그런 사소한 일로 동요하는 내가 한심하다고 생각하기보다 '그 애의 SNS 파괴력은 대단하구나!'라고 생각하면 신기하게도 화가 누그러듭니다.

그리고 '나는 그렇게까지 당당할 수 있을까?'라고 생각 해봅니다. 무리라고 생각하는 순간, 왠지 화를 내는 게 바보처럼 여겨집니다. 이처럼 순순히 패배를 인정하면 바로 진정되는 화도 있습니다.

그래도 화가 진정되지 않을 때는 화를 내고 싶어 화를 냈을 가능성이 있습니다. 'SNS 때문에 괴로워하는 내가 정말 불쌍해.'라고 비극의 주인공 역을 연기하고 있는 것입니다.

이 이유가 맞으면 마법의 언어 '자기도취의 수정'이라고 되뇝니다. 화내고 있는 나에게 심취하는 걸 막아주는 키워드입니다.

화는 고통의 일종으로 화가 나면 고통을 진정시키기 위해 뇌에서 마약이 분비됩니다. 이것이 습관이 되면 알코올 의존증처럼 헤어날 수 없습니다. 화가 마음을 갉아먹었을 때에는 이미 늦었습니다.

아부하는 동료에게 속아
넘어가는 상사

직장에 화를 유발하는 동료가 있습니다. 일도 못하면서 상사 부인의 생일이나 아이의 이름 등을 모두 외워 상사를 기쁘게 하는 일에는 만능. '왜 저 사람이 나보다 인정을 받을까.', '왜 상사는 저런 뻔히 보이는 수법에 속아 넘어가는 걸까.' 신경질이 납니다. (Y씨, 40세 여성, 신경질 레벨 ★★★★)

Solution

현재 상황을 '납득'하면 화는 사라진다

Y씨가 원하는 것은 한심한 상사의 눈이 뜨이게 하는 일일까요? 시험 삼아 '당신은 눈뜬장님입니까?'라고 상사에

게 화내는 상황을 상상해봅니다. 하지만 무슨 말인지 몰라 눈만 멀뚱거리는 상사의 모습이 연상될 뿐 화는 해소되지 않습니다. Y씨는 동료에게 속고 있는 상사에게 화를 내는 게 아닌 듯합니다. 그러자 한 가지 의문이 떠올랐습니다.

애초에 상사는 정말로 동료에게 속고 있는 것일까요?

그 점을 냉정하게 생각하자 마음 한편에 상사를 바보 취급하고 있던 Y씨의 본심이 엿보였습니다. 상사를 속이기 쉬운 사람이라고 깔보고 있어서 동료의 눈에 보이는 아부에 놀아나고 있는 게 분명하다고 단정한 것입니다.

그러면 '상사를 바보 취급하고 있다는 걸 눈치채서 내 평가가 낮을까?'라는 상황에 이릅니다. 분명 Y씨는 평소 상사에게 다소 건방진 태도를 보이는 일이 적지 않았습니다. Y씨보다 동료가 훨씬 대하기 편한 부하라고 할 수 있습니다. 즉 Y씨가 느끼는 화는 상사와 좋은 관계를 맺지 못하는 자기 자신에 대한 화였습니다. 그렇게 생각하자 동료에 대한 Y씨의 시선도 달라졌습니다.

상사의 입장에서 보면 사람들에게 호감을 주는 일도 훌륭한 비즈니스 스킬 중 하나입니다. 아부하는 동료를 거래처가 좋아할 만한 인재라고 여기고 있을지 모릅니다. 만일 그렇다면 동료가 높은 평가를 받는 것도 당연한 일입니다.

그렇게 이해하자 어느 순간 Y씨의 화는 사라졌습니다.

타인의 말은 '적당히' 받아들이자

실은 Y씨는 이전 직장에서도 똑같은 인간관계로 고민했습니다. 이전 직장에서도 타인을 잘 치켜세우는 동료가 상사와 친밀했습니다. 그것을 보면서 Y씨는 업무에 대한 의욕을 잃어버렸고 상사에게 인정받고 있지 않다고 여겨 직장을 옮긴 것입니다. 겉치레하는 말이나 아부에 강한 거부감을 품고 있던 Y씨에게는 〈사례 2〉의 마법의 언어 '사교 언어의 습득'을 되뇌게 했습니다. 사교 언어를 쓰도록 하는 게 아니라 사교 언어를 진심으로 할 필요가 없다는 감각을 갖게 하기 위해서입니다. 사교 언어를 구사할 수 없는 많은 사람과 마찬가지로 Y씨는 타인의 말을 진심으로 받아들이는 경향이 있습니다. 그래서 상사도 동료의 아부를 진심으로 받아들이고 있다고 생각한 것입니다.

그러나 '사교 언어의 습득'이라고 반복하는 사이 상사가 동료의 아부를 그저 사교 언어로 간주할 가능성이 보였습니다. 그러자 '상사는 아부를 기뻐하는 게 아니라 적당히 받아주는 게 아닐까?'라는 새로운 생각이 떠올랐고, 어쩌면 성실하게 일하는 나를 정당히 평가할 것이라는 긍정적인 방향으로 생각하게 됐습니다.

말을 받아들이는 방식은 '적당'한 편이 좋습니다. 그래야 화가 잘 쌓이지 않습니다.

화를 제때 풀지 않으면
수명이 줄어드나니

이 장에서는 사례 연구를 통해 작은 일이 원인인 다양한 화 해소법을 구체적으로 소개했습니다.

화를 확실히 해소하지 않으면 건강에 해롭습니다. 실제로 화를 낼 때 엑스레이를 찍어보면 위가 세로로 늘어나 있습니다. 화는 장기에도 영향을 줍니다.

회사에 대한 남편의 화에 공감해 화가 사라지지 않던 아내는 결국 위궤양에 걸렸습니다. 화의 원인을 모른 채 계속 고민했다면 결과적으로 화를 방치한 것이 되어 위궤양은 점점 심해졌을 것입니다.

1장에서 소개한 원숭이 실험에서는 직접적인 스트레스가 없는데도 관리직 원숭이가 현장 원숭이보다 빨리 위궤양에 걸려 죽었습니다. 이렇게 생각하면 '작은 일이 원인이 되어 축적된 화'가 새삼 무섭게 여겨집니다.

또 계속 화를 내면 긴장 호르몬이 지속적으로 분비되는 문제도 있습니다.

긴장 호르몬인 '당질코르티코이드(글루코코르티코이드)'는 화라는 위험에 대비해 몸을 즉각 움직일 수 있도록 합니다.

긴장 호르몬이 분비되면 체내 혈당 수치는 상승합니다. 즉 화를 내는 일은 '몸을 설탕에 담가둔 상태'와 같습니다. 그래서 당뇨병 위험이 상승하고 수명이 단축됩니다.

호르몬 밸런스가 무너지면 면역력이 저하돼 암에 걸릴 위험도 커집니다. 화를 내는 것도 괴로운데 그로 인해 당뇨병이나 암에 걸린다면 그야말로 엎친 데 덮친 격입니다.

화가 해소되지 않을 때 화가 난 근본 원인을 찾기만 해도 화의 레벨은 내려갑니다. 화가 나면 응급 조치로 말 진정제를 주입하십시오. 키워드는 '찾아라, 화의 원인'이라는 말입니다.

이 말을 머릿속에서 반복하면 마음이 다소 차분해지고 '화의 진짜 원인'을 검색해 화를 없애려는 작용이 일어나게 됩니다. 신경질이 겹겹이 쌓여 화가 커졌을 때도 이 말을 사용하면 진정제를 맞은 것처럼 점차 마음이 안정됩니다.

사람에 따라 효과가 나타나는 시간이 달라 당시에는 아무 변화가 없는 사람도 있습니다. 그러나 평소라면 다음 날 아침까지 이어지던 화가 흔적도 없이 자취를 감추기도 합니다.

이것은 자는 동안 꿈속에서 뇌가 필사적으로 화의 진짜 원인을 검색해 조합(매치)하기 때문입니다. 아침에 일어나면 화를 내던 원인이 전혀 다른 것이었다는 사실을 깨닫게 되니 이는 실로 재미있는 일이 아닐 수 없습니다.

일상의 화를 날려 보내는
'신경질 억제' 운동

화는 신체와 밀접하게 연결되어 있습니다.

'화를 내지 말자!', '마음이 넓은 사람이 되자!'고 머릿속으로 생각하지 않아도 신체를 정연히 함으로써 화를 진정시키고 작은 일에 신경질을 내지 않는 성격을 가질 수 있습니다.

화를 진정시키는 데는 유산소 운동이 효과적입니다.

그러나 운동을 싫어하는 사람도 많을 테니 여기에서는 좀 더 손쉬운 운동을 소개하겠습니다. 유산소 운동처럼 뇌의 '화를 느끼는 부위'에 집중되기 쉬운 혈류를 골고루 돌도록 하기 위한 3분 운동입니다.

3분 운동으로 뇌의 혈류를 고르게 한다

운동 방법은 아주 간단합니다. 뇌의 혈류를, 화를 느끼는
부위에서 다른 부위로 이동시키는 것입니다.

① 양손을 동그랗게 구부려 안경처럼 눈 주위를 감싸고
'봐!'라고 머릿속으로 말합니다. 그리고 눈을 크게 뜨고
열까지 셉니다. 보는 대상은 아무것이나 상관없습니다.
그러면 뇌의 혈류가 화의 부위에서 시각야視覺野로 이동
합니다.

② 양쪽 귀 뒤에 손을 대고 귀를 기울일 때의 포즈를 취한
다음 '들어!'라고 머릿속으로 말합니다. 그리고 주위에
서 들리는 소리에 집중하며 열까지 셉니다.(티브이나 라
디오는 끄는 편이 좋습니다) 그러면 이번에는 뇌의 혈류가
시각야에서 청각야로 이동합니다.

③ 마지막으로 양손을 교차해서 자신을 부드럽고 따뜻하게 감싸는 포즈를 하고 '느껴!'라고 머릿속으로 말합니다. 그대로 열까지 셉니다. 그러면 혈류가 뇌의 체성감각야(體性感覺野)로 이동해서 뇌 전체 골고루 피가 도는 상태가 됩니다.

④ ①부터 ③까지를 3세트 반복합니다.

이 운동을 할 때는 앉거나 서서 해도 괜찮습니다. 열까지 셀 때는 가능한 한 천천히 하십시오.

어떤 장소에서나 '봐, 들어, 느껴'

아침 출근 전에 이 운동을 하면 전철 안에서 '왜 일부러 내 옆에 와서 서지?', '가방 좀 저리 치우지!'라며 타인의 행동에 짜증이 나던 마음이 '오늘은 그다지 신경 쓰이지 않네.'라고 바뀌게 됩니다.

전철 안에서도 '봐!'라고 속으로 말하고, 창밖 풍경을 응시하며 '들어!'라고 말하면서 전철 바퀴 소리에 귀를 기울이고, '느껴!'라고 되뇌면서 몸의 감각에 의식을 집중하면 매일 아침 고통이었던 만원 전철의 불쾌감은 사라질 것입니다.

회사에서 동료가 언짢은 말을 하더라도 '봐!'라며 컴퓨터

모니터에 집중하고, '들어!'라며 에어컨 소리에 귀를 기울이면 여유롭게 넘길 수 있습니다.

밤에 잠자기 전에 이 운동을 하면 하루 동안 생긴 많은 신경질을 정화해서 뇌를 말끔하게 할 수 있습니다. 화 때문에 잠을 이루지 못하는 일이 없어지고 숙면을 취할 수 있으니 꼭 시도해보십시오.

3장

그래도 풀리지 않는
화를 진정시키는 법

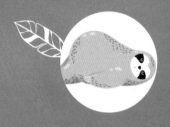

화가 잘
진정되지 않는 이유

화를 좀처럼 진정시키지 못하는 사람은 일반적으로 화를 '마음속에 담아두는 타입'으로 보입니다. 또는 '위험한 사람'처럼 보이는 경향이 있습니다. 지나간 일은 어쩔 수 없는데 연연하는 건 좋지 않다며 성격에 문제가 있다는 말을 듣는 경우도 적지 않습니다.

하지만 화를 진정시키지 못하는 모습은 흥미롭게도 다양합니다. 여기에서는 전형적인 두 가지 경우를 소개하겠습니다.

① 화내는 타이밍이 늦다

길을 걸어갈 때 맞은편에서 자전거가 피하지 않고 달려오면 '위험해!'라고 느끼며 화가 납니다. 이 '위험해!' 하는 순간, 뇌에서 '싸움' 또는 '도망'에 필요한 에너지가 나오기 때문에 '긴장 호르몬'이 분비됩니다.

자전거가 지나가고 위험이 사라지면 호르몬 분비는 급격히 줄어들고 화도 진정됩니다. 이것이 보통 사람의 반응입니다. 화가 나는 건 '위험해!'라고 느낀 순간뿐 그 후까지 화가 이어지지 않습니다.

한편 화를 좀처럼 진정시키지 못하는 사람은 '위험해!'라고 느낀 순간 몸과 머리가 경직되는 경향이 있습니다.

이 타입의 사람은 긴장 호르몬이 잘 분비되지 않습니다. 위험이 지나간 후, 보통 사람들이 한숨 돌린 상황에서 뒤늦게 화가 끓어오르고 이때 비로소 긴장 호르몬이 분비됩니다.

그러나 이 단계에서는 화가 끓어올라도 화를 낼 상대가 없기 때문에 시간이 지나도 화가 진정되지 않습니다.

— 왜 그때 따끔하게 말하지 못했을까?
— 왜 분명하게 말하지 않았을까?

이렇게 후회하는 일이 많은 사람은 적절한 순간에 화를 내지 못해서 작은 일도 잊어버리지 못하는 것입니다.

② 세상의 모순을 받아들이지 못한다

또 다른 경우는 상황을 이해하지 못해 화가 진정되지 않는 것입니다.

이 경우에 해당하는 사람은 정의감이 강하거나 완고한 사람들입니다. 규칙을 지키지 않는 사람을 보면 화가 나고, 태도가 무례한 사람을 용서하지 못합니다. 남에게 엄격한 사람들이라고 볼 수 있습니다.

이런 타입의 사람은 상대가 전적으로 나쁘다고 생각하기 때문에 상대가 충분히 사과하거나 상황을 개선하려는 태도를 보이지 않는 한 화를 진정시키지 못합니다. 다른 사람이 보면 화를 낼 정도의 일이 아닌 사소한 일에서도 마찬가지입니다.

그렇지만 길에서 위험하게 달리는 자전거를 발견하고 화가 나도 실제로 상대가 머리를 숙이며 사죄하는 경우는 거의 없으므로 이런 타입의 사람은 화가 언제까지나 계속되는 것입니다.

이런 타입의 사람이 화에서 해방되기 위해서는 살다 보면 불합리한 일이 많이 생긴다는 현실을 받아들일 수 있어야 합니다.

나와 직접 관계가 없는 정보에는 필터를 끼우고 원만하게 받아넘길 수 있으면 화로부터 자유로워질 수 있습니다.

의식 가능한 화,
무의식의 화

화가 났다는 사실을 반드시 명확하게 인식할 수 있는 것은 아닙니다. 무의식적으로 화를 내는 경우가 많습니다. 특히 작은 일로 신경질이 날 때는 '무의식에 화'가 잠재했을 가능성이 있습니다.

'직장에 있는 게 왠지 불쾌하고 짜증이 난다. 특별히 상사가 심하게 구는 것도 아니고 동료들이 싫어하는 것도 아닌데 왠지 너무나 싫다…'. 이렇게 느껴질 때는 의식하지 못한 데에서 화가 난 경우가 많습니다.

한 상담자는 회의 때 사람들 앞에서 말하는 게 괴로워서 고민이었습니다. 회의에서 말하기 시작하면 왠지 손이 떨리고 겨드랑이에 땀이 찬다고 합니다. 이 분은 사람들 앞에서 말을 하는 게 거북하다고 여기고 있었는데, 어느 날 어쩌면 자신의 이야기를 이해하려 하지 않는 회사 사람들에게 화가 난 건지도 모른다는 사실을 깨달았습니다. 그 순간 떨림과 땀도 멈췄다고 합니다.

화내고 있다는 사실을 깨닫지 못하면 화는 처리되지 않은 채 계속 쌓입니다. 상담자 분에게 회의는 영원히 고통의 시간이었을 것입니다.

무의식에 화를 품기 쉬운 사람은 어릴 때 '사람들 앞에서 감정을 드러내는 건 좋지 않은 일'이라는 교육을 받아온 경향이 있는 듯합니다. 화의 감정은 죄라는 종교적인 배경이 있을 때도 있습니다. 화를 내면 안 된다는 각인된 의식 때문에 어느 순간 화를 의식하지 못하게 되는 것입니다.

하지만 화는 생리적 반응입니다. 불쾌한 것을 보고 듣고 체험하면 자연적으로 발생합니다. 그런데도 화를 내면 안 된다는 제한을 걸면 화는 불안이나 공포로 바뀝니다. 그렇게 '나는 화를 내고 있지 않다.'는 식으로 스스로를 속이는 것입니다.

이렇게 '불안'과 '공포'로 바뀐 화는 언제까지나 발산되지 않은 채 속에서 계속 끓어오릅니다. 그리고 그런 감정이 점점 커져 불안과 공포가 일상이 될 수도 있습니다.

    그래서 화를 거부하지 않고 제대로 받아들이는 일이 중요합니다. 마음속에서 불안과 공포가 사라지지 않는 경우 '어쩌면 나는 화를 내고 있는지 몰라' 하고 의심해보고 '무의식'의 화를 '의식'하십시오. 그러면 화는 새가 날갯짓하며 멀리 날아가듯 '이제야 알아주었네요!'라며 나에게서 떠나갈 것입니다.

꺼지지 않는 화,
점점 커지는 화

화가 진정된 듯하다 한순간에 다시 끓어오를 때가 있습니다. 저는 이것을 '화의 불완전 진화'라고 부릅니다.

작은 일이 원인인 화는 잘 발산되지 않는 경우가 많으므로 유달리 '불완전 연소'되기 쉬운 특징이 있습니다. 그 구조를 상세히 살펴보겠습니다.

일하다 오늘은 피곤하니 일찍 퇴근하자고 생각했을 때, 부하직원이 "어, 벌써 퇴근하시려고요?"라고 불만스럽게 말하면 순간 울컥합니다.

그 자리에서는 볼일이 있다며 웃는 얼굴로 넘겼지만, 전철을 탄 후 상사에게 그런 태도는 실례라는 생각이 들어 울컥합니다. 마치 내가 일을 제대로 하지 않는 것 같아서 부하직원에게 화가 서서히 끓어오릅니다.

이처럼 진화되었다고 생각한 화가 재발해서 한층 증폭되는 배경에는 주로 세 가지 이유가 있습니다.

① 그 자리에서 화를 내지 않았기 때문

부하직원이 "벌써 퇴근하시려고요?"라고 말했을 때 "왜, 무슨 문제 있어?"라고 거리낌 없이 본심을 표현하면 화는 그 자리에서 진화되고 재발하지 않습니다.

그런데 부하직원을 내버려 두고 먼저 퇴근하는 건 무책임한 일이라는 식으로 상대의 처지에서 생각하면 당시에는 냉정하게 넘길 수 있지만 실제로 화는 해소되지 않습니다. 이것이 불완전 진화 상태입니다.

뇌에는 상대방의 뇌 상태를 모방하는 특징이 있습니다.(131쪽 참조) 부하직원의 기분을 생각한 순간, 상사가 먼저 퇴근하는 게 불만이라는 상대의 뇌 상태를 모방하기 때문에 나는 화를 내고 싶지만(긴장 호르몬을 분비하고 싶다) 화를 낼 수 없는(긴장 호르몬이 나오지 않는) 상태가 됩니다. 그래서 화가 끓어오르는 상태가 됩니다.

즉 누군가에게 울컥했을 때 상대가 왜 그런 말을 할까, 동조적으로 생각하면 안 됩니다.

② 상대의 모순을 내 탓으로 돌리기 때문

또 다른 이유를 생각해볼 수 있습니다.

"벌써 퇴근하시려고요?"라는 부하직원의 말에 울컥한 것은 상사에게 실례인 발언이라고 생각하기 때문입니다. 즉 그 말이 부하직원은 상사에게 예의를 갖춰야 한다는 상식에 모순된 발언이라고 생각한 것입니다.

이 경우 '왜 부하직원은 그런 실례의 말을 했을까.'라는 모순을 해소할 수 있으면 화는 그 자리에서 진화됩니다.

예를 들어 부하직원은 급히 의논할 일이 있었는데 내가 퇴근할 생각만 하는 것 같아 말을 꺼내지 못하고 있다 그 불만이 말로 표출됐는지 모릅니다.

그럴 때는 무슨 할 얘기라도 있는지 한마디 물어보면 해결됩니다. 내일 프레젠테이션 건으로 의논할 게 있다고 대답하면 '그렇군. 무슨 문제라도 있는 것 같군.'이라고 이해할 수 있습니다.

그런데 부하직원을 내버려 두고 먼저 퇴근하려니 좀 미안하다는 나의 행동에서 모순을 찾아 부하직원의 모순을 지우려 하면 이상한 상황이 연출됩니다. 이런 상황이라면 내가 느끼는 모순은 전혀 해소되지 않고, 결국 부하직원이 한 말만 계속 생각나 화는 끓어오릅니다.

상대의 말에 모순을 느끼면 나에 대해서는 잠시 접어두

고 상대의 모순을 따져서 그 자리에서 해소하는 게 중요합니다.

③ 나의 스트레스가 주위를 '감전'시키기 때문

화는 뇌의 전기활동의 일종입니다. 스트레스가 쌓이기 쉬운 사람일수록 뇌 안에 전기가 쌓이기 쉬운 사람이라고 할 수 있습니다. 그래서 '나의 화가 주위를 감전시킨다.'라고 생각하면 새로운 시점이 생깁니다.

실제로 주위에 있는 누군가 화를 내면 찌릿찌릿 신경이 곤두서는 경험을 한 사람이 많을 것입니다. 즉 실례인 말을 한 부하직원은 '오늘은 피곤하니 빨리 퇴근하고 싶다.'라는 나의 스트레스에 반응해서 민감해졌을지 모릅니다.

재미있는 사실은 타인의 화에 감전되었을 때, 사람은 뜻밖의 리액션(반응)을 취한다는 점입니다. 예능 프로그램 게임에서 벌칙을 당한 개그맨이 재미있는 리액션을 취하는 것과 같은 이치입니다.

상사가 화를 내고 있는데 싱글거리거나 반대로 불평을 하는 철없는 직원은 상사의 화에 감전되기 쉬운 타입입니다. 그런데 그런 부하직원의 리액션을 진심으로 받아들여 울컥하면 부하직원은 상사의 화에 점점 더 반응하게 되고 더 실례가 되는 심한 리액션을 연발하게 됩니다.

이런 타입의 상대에게 일일이 반응하면 화는 증폭될 뿐입니다. '또 재미있는 리액션을 보이는구나.'라며 받아넘기는 것이 정답입니다.

화의 잔불을 끄는
'한잔의 물'

신경질적인 사람일수록 화를 내는 편이 사는 재미가 있다고 생각하는데, 이는 작은 일로 울컥하는 자신을 정당화하는 부분도 있습니다.

화를 에너지로 바꿔서 행동하는 것이 성공으로 이어지는 예도 있지만, 그 상태가 지속되면 몸을 점점 갉아먹습니다. 102쪽에서도 설명한 바와 같이 긴장 호르몬이 계속 나오는 것은 '몸을 설탕에 담가둔 상태'와 똑같기 때문입니다.

따라서 속에서 화의 불씨가 피어오르는 걸 느끼면 신속하게 진화를 하는 게 최선입니다.

물을 마시면 화를 효과적으로 진화할 수 있다

화를 포함해 모든 감정은 뇌의 전기 신호로 생깁니다. 그 전달에 관여하는 것이 '염분'입니다.

염분을 많이 섭취하면 신경질적이 된다는 말은 근거 없는 말이 아닙니다. 뇌의 염분 농도가 진해지면 전기가 발생하기 쉬워지므로 사소한 자극을 받아도 뇌에 화가 축적되기 쉽습니다.

실제로 절임과 같은 짠 음식을 선호하는 고혈압 환자 중에서 신경질적인 사람을 많이 볼 수 있습니다. 반대로 생각하면 수분 보충으로 체내의 염분 농도를 낮추면 화를 조절하기 쉽습니다.

이때 중요한 점은 차나 커피가 아닌 순수한 '물'이어야 한다는 것입니다. 차나 커피에 들어 있는 카페인은 이뇨작용을 일으켜 몸에서 수분이 빠져나가게 해 오히려 몸의 염분 농도를 높아지게 합니다.

질 좋은 수면이 화를
없앤다

끓어오르는 화의 잔불을 끄는 방법으로는 질 좋은 수면도 빼놓을 수 없습니다.

질 좋은 수면이란 깊은 잠(렘수면)과 얕은 잠(논렘수면)이 교차하는 수면을 말합니다. 뇌는 우리가 자는 동안 렘수면 중에 싫은 기억을 정리하고, 논렘수면 중에는 뇌를 쉬게 하는 전력 질주 → 쿨 다운 작업을 합니다.

그런데 질 좋은 수면을 취하지 못했을 때는 꿈속에서 원활한 방전이 이루어지지 않아 화가 축적됩니다. 이렇게 되면 '어제 그 녀석, 정말 짜증 나!'라고 화는 여전히 사라지지 않습니다.

질 좋은 수면을 취하기 위해서는 밤 열 시에서 열한 시

사이에는 잠자리에 들어야 합니다. 열두 시 이후에 잠을 자면 깊은 수면과 얕은 수면의 패턴이 무너져서 기억이 잘 정리되지 않습니다. 그러면 화가 아침까지 이어져 하루가 지났는데도 여전히 화난 상태가 유지됩니다.

한편 열 시에서 열한 시 정도에 자면 깊은 수면과 얕은 수면의 패턴을 유지할 수 있으므로 전날의 화는 과거의 기억으로 정리됩니다. 아침이 되면 '그런 일은 아무래도 상관없어.'라고 상쾌하게 눈을 뜰 수 있습니다.

수면 부족만 해소해도 화는 쉽게 진정되는 경우가 많습니다. 한 아버지는 초등학교 2학년인 아들이 학원에 가길 싫어해서 고민이었습니다. 아버지가 "학원이 왜 싫어?"라고 물으며 아들의 화를 해소하려 노력해도 아들은 "싫으니까 싫어!"라고 울먹였다고 합니다.

그래서 아버지에게 아들과 대화한 때가 몇 시쯤인지 물어보니 밤 열 시쯤이었습니다. 이 아버지는 일곱 살 아들을 상대로 한밤중에 설득하려 한 것입니다. 그 후 아들의 기분이 나빠졌을 때는 빨리 잠자리에 들도록 했더니 학원 공부를 싫어하는 일은 없어졌다고 합니다.

화의 연쇄 작용을
막는 법

가는 말이 고와야 오는 말이 곱다는 말이 있습니다.

처음에는 냉정하게 대화를 주고받다가도 어느 한쪽이 울컥하자 상대도 버럭, 화는 점점 상승곡선…. 이런 경험, 많이들 해보지 않습니까?

상사 : 어제 올린 보고서, 엉망이던데? (짜증)

부하 : 죄송합니다. 기한이 너무 짧아서….

상사 : (울컥) 3일이면 충분하지 않나?

부하 : (짜증) 과장님이 생각하시는 만큼 저도 한가하지 않습니다.

상사 : (버럭) 뭐라고? 게으른 자네를 늘 감싸주었더니.

부하 : (울컥) 고맙습니다만 회사에서 늘 지뢰 찾기 게임을 하는
　　　분에게 그런 말은 듣고 싶지 않습니다.

이런 식으로 화가 연쇄 작용을 일으켜 매번 상사에게 대드는 사람이 있지 않습니까. 그럼 어떻게 하면 이 연쇄를 막을 수 있을까요?

사실 대처법은 간단합니다.

'저 사람은 왜 그런 말을 할까?', '왜 실례인 태도를 보일까?'와 같이 상대의 말을 진심으로 받아들이지 않으면 됩니다. 그 대신 상대는 나(혹은 누군가)의 화에 감전되었을 뿐이라고 생각해봅니다.

앞에서 화는 전기와 같다고 말했습니다.

화에 감전된 사람은 점점 타인을 화나게 하는 행동을 취하기 쉽습니다. 그때 단지 웃기는 사람이네,라고 넘길 수 있으면 상대가 나를 괴롭힌다는 화의 연쇄 작용에서 벗어날 수 있습니다.

가령 일에 지쳐 집에 돌아왔을 때 아내가 아직 저녁을 하지 않았다고 하면 울컥합니다. 마음속에서 '가족을 위해 열심히 일하고 왔는데 왜 아무 위로도 해주지 않는 거야.'라며 화를 억누를 수 없을 것입니다.

그 화에 아내도 감전됩니다. 그러면 아내는 새까맣게 탄 고기와 설익은 밥을 식탁에 올립니다. 이때 '이게, 뭐야! 이걸 먹으라고?'라며 화를 내면 두 사람은 상호작용을 일으켜 화의 연쇄 작용은 멈추지 않습니다.

그러나 아직 저녁을 안 했다는 말을 들었을 때 그럴 수도 있다고 생각하면 화는 증폭되지 않습니다. 화가 증폭되지 않으면 아내를 감전시키는 일도 없고 식탁에는 제대로 된 음식이 차려집니다. 맛있는 음식을 먹고 뇌에 영양이 공급되면 흐릿하던 뇌도 맑게 개고 상쾌한 기분이 듭니다.

일할 때 실수를 연발하는 사람이나 실례인 태도를 보이는 부하직원에 대해서도 재미있는 리액션으로 여기며 화내지 않고 관찰을 하면 차츰 실수도 줄어들고 태도도 개선될 것입니다. 그러면 신기하게도 그가 좋은 사람이라는 생각이 듭니다.

재미있는 리액션을 보인다는 발상이 없었을 때는 화가 부글부글 끓어올라 멈출 줄 몰랐는데 시점만 바꿔도 상대가 백팔십도 다르게 보입니다.

화는
감염된다?

'미러 뉴런(거울 신경세포)'이라는 말을 아십니까?

1996년 이탈리아 과학자들이 뇌는 주목한 상대의 뇌 상태를 흉내 낸다는 사실을 발견했습니다. 특정 신경 세포가 상대의 뇌 반응과 똑같은 전기 반응을 자기의 뇌 안에서도 일으킨다는 것입니다.

미러 뉴런 학설에 따르면 너의 마음을 안다고 하는 상태는 상대의 뇌 상태를 흉내 낸 것입니다. 그래서 슬프고, 기쁘고, 화나는 상대의 감정을 마치 내가 체험한 것처럼 느끼는 상태라고 합니다.

화도 마찬가지입니다. 화를 내는 상대에 주목하면 나의 뇌도 화를 느낍니다. 즉 나와 전혀 상관없는 타인의 화에 감염되는 것입니다. 작은 일에도 신경질을 내는 사람은 이것이 원인인 경우가 적지 않습니다.

의식적으로 '이 사람의 뇌를 흉내 내자/흉내 내는 걸 그
만두자.'라고 조절할 수 있으면 좋겠지만 쉬운 일이 아닙니
다. 가까이 있는 사람의 뇌를 무의식이 멋대로 흉내 내기
때문에 은연중에 누군가의 화에 동조해버리면 왜 이렇게
신경질이 나는지 혼란스럽습니다.

이때 느끼는 화는 어디까지나 타인의 화인데 그것을 깨
닫지 못하면 화의 원인을 자기 내부나 주위에서 찾게 됩니
다. 일단 '전철이 늦게 와서 짜증이 나는 거야.'라고 생각하
지만, 당연히 그것 때문에 화를 내는 게 아닙니다. 화의 원
인을 올바로 파악하지 못했기 때문에 화는 사라지지 않은
채 서서히 퍼져갑니다.

화의 감염에는 재미있는 현상이 있습니다.

예를 들어 직장에서 상사의 뇌에 화가 끓어오르는 경우,
상사에게 주목하면 나의 뇌가 상사의 화에 감염되어 신경
질이 나기 시작합니다.

화로 인해 활발해진 뇌 부위는 '공포'로 활발해진 부위와
똑같습니다. 상사의 화에 감염된 상태를 상사가 무섭다는
감정으로 오해할 수도 있습니다. 그래서 회사에 가기 싫어

질 수도 있습니다.

　전철에서도 똑같은 현상이 발생합니다. 전철을 타고 있는 사람들의 뇌에 화가 쌓여 있으면 그들 근처에만 있어도 화에 감염됩니다. 그것을 공포를 느낀다고 오해하면 전철을 타는 일 자체가 무서워집니다. 전철을 타기만 해도 이유 없이 심장 박동이 빨라지거나 땀을 흘리기도 합니다.

　그러나 주위 사람의 화에 감염된 것뿐이라는 사실을 알고 있으면 괴로움은 급속히 사라집니다. 어차피 남의 뇌를 흉내 낸 것이기 때문에 본래 나의 뇌 상태로 돌아가면 아무 일도 아닙니다. '왜 그렇게 떨었을까?'라고 생각하게 되니 신기한 일입니다.

화의 감염을 막는
방어술

타인의 화에 감염되는 것을 막는 가장 간단한 방법은 신경질적인 사람의 곁에는 가까이 가지 않는 것입니다. 감기에 걸린 사람의 근처에 의식적으로 다가가지 않는 일과 똑같습니다. 화가 난 사람이 있는 곳에서는 도망치는 편이 가장 좋습니다.

타인의 화에 감염되기 쉬운 사람은 누군가 화내는 모습을 보면 '나 때문에 화를 내는 걸까?'라고 생각하는 특징이 있습니다. 내가 그 사람의 화를 진정시켜야 한다고 생각하기 때문에 점점 상대의 화에 감염되어버립니다.

화란 올바로 처리하면 순식간에 사라집니다. 신경질적인 사람은 화를 제때 발산하지 못해 그것이 뇌에 축적된 사람입니다. 화가 쌓인 원인을 오해하고 있을 가능성이 있습니다. 즉 왜 화를 내는지 본인도 잘 모릅니다.

그런 상황을 해결하려 하면 원인 불명의 화라는 화살이 나에게 향할 뿐이니 재빨리 거리를 두십시오.

전철 안의 분위기가 왠지 날카롭게 여겨지는 경우가 있습니다. 화의 전기가 뇌에 쌓인 사람들이 타고 있어서 누전 상태라고 할 수 있습니다. 그런 곳은 아주 사소한 자극에도 화가 찌릿찌릿 방전되는 일촉즉발의 상태이니 바로 다른 칸으로 이동하는 것이 가장 좋습니다.

그런데 화가 축적된 사람의 곁에 있으면 감전으로 인해 뇌 감각이 마비되기 때문에 옆 칸으로 옮기는 게 귀찮게 여겨집니다. '왜 내가 옮겨야 해.'라는 생각이 들면 주위의 화에 감전됐다는 것입니다. 하지만 일단 옆 칸으로 옮기자고 생각해 그 자리를 떠나는 데 성공하면 즉각적인 감정 변화에 깜짝 놀랄 것입니다. 정말로 화에 감염되어 있었다는 사실을 알 수 있습니다.

화는 '고통'입니다. 그래서 뇌 안에서는 고통을 마비시키기 위해 '뇌 내 마약'이 분비됩니다. 사람에 따라서는 이 '뇌 내 마약'을 무의식적으로 갈망해서 화를 내는 사람의 곁으로 무의식중에 다가가기도 합니다.

뭔가 이상하다고 화의 전기를 느끼면서도 그 칸에서 도망칠 마음이 들지 않는 것은 화에 노출될 때마다 스스로를 방치하는 습관 때문이라고 할 수 있습니다.

그럴 때는 우선 다음 역에서 내리는 사람들의 흐름에 몸을 맡깁니다. 사람들의 물결에 밀려 홈에 내려 한숨 돌리십시오. 무리하게 옆 칸으로 이동하려 하지 말고 내려서 다음 전철이 올 때까지 기다리십시오. 다음 전철이 올 무렵에는 그 불안했던 마음은 어딘가로 사라졌을 것입니다.

화 발견기로 숨은
화를 찾아라

타인의 화에 감염되었는지 알아보는 데에는 2장에서 소개한 화 발견기가 도움이 됩니다.

신경질이 나면 손을 가볍게 흔들어 내가 화를 내고 있는지 확인합니다. 손가락에 반응이 있으면 내가 화를 내는 것이니 원인을 찾아 해소하십시오. 한편 손가락에 반응이 없으면 그것은 나의 화가 아닙니다. 내 안에서 화의 원인을 찾을 필요가 없으니 화는 사라집니다. 화가 나의 것인지 아니면 가까이 있는 다른 사람에게 감염된 것인지 손가락 반응으로 확인만 해도 상황은 완전히 달라집니다. 나의 화가 아니라는 사실만 알아도 안심이 됩니다.

또 화 발견기를 사용하면 화의 감염 원인을 특정할 수 있습니다. 미러 뉴런 원리로 나의 뇌가 화 발생 원인과 똑같은 상태이기 때문입니다. 손을 흔들면서 와이파이 구역을 찾는 것처럼 화의 원인을 찾아보십시오.

전철에서 왠지 신경질이 난다고 가정합시다. 낮에 동료와 말다툼한 일을 떠올리고 '동료에게 화를 내고 있나?'라고 확인해봅니다. 그러나 화 발견기는 반응하지 않습니다. 주위를 돌아보고 빙글빙글 손목 운동을 하며 '앞에 있는 아저씨의 화?'라며 손가락 반응을 확인합니다. 반응이 없다면 '옆에 앉아 있는 아가씨의 화?'라고 생각합니다. 그러자 손가락에 찌릿한 느낌이 들었습니다. '아아, 옆에 있는 아가씨가 화를 내고 있구나!'라는 생각이 들어 다소 무서워집니다. 전혀 화내고 있는 것처럼 보이지 않는데!

내친 김에 왜 화를 내는지 확인해봅니다. '혹시 나에게 화를 내는 건가?'라고 생각하니 반응하지 않습니다. 그러면 '앞에 서 있는 아저씨가 너무 가까이 다가와서 화내는 건가?'라고 생각하자 손가락이 '움찔' 반응합니다. 분명 앞에 있는 아저씨가 너무 가깝습니다. 그제야 아가씨가 화가 난 이유를 알았습니다. 그 화에 감염되어 동료에게 화를 내고 있었다고 생각하면 미안한 마음이 듭니다.

이처럼 화 발견기로 숨은 화의 원인을 확인하면 화에서 해방될 수 있습니다.

슬픔, 낙담, 두려움은
모두 화와 통한다!

타인에게 감염된 화를 찾아보면 슬픔도 결국 화로 이어진다는 사실을 알 수 있습니다.

어느 날 아이가 아무 잘못도 하지 않았는데 학교 선생님이 혼을 냈다며 울었습니다. 울고 있는 아이를 보면 보통 슬픔이 느껴지는데 당시 저는 아이에게서 화가 느껴졌습니다.

아이는 자기의 말이 선생님에게 제대로 전달되지 않아 슬픈 것 같았습니다. 그러나 그 감정의 정체는 '일방적으로 내가 잘못했다고 단정한 선생님에게 화가 난다!'라는 화였습니다.

이럴 때는 불쌍하다는 반응을 보이지 말고 '화를 내는 게 당연해!'라고 화를 이해시켜줍니다. 그러면 아이의 감정은 진정되고 울음을 그치니 흥미롭습니다.

우리는 이런저런 사정으로 화를 다른 감정으로 바꾸려 합니다.

가령 프로젝트가 윗선의 한마디에 백지로 돌아가자 실망해서 어깨가 축 늘어진 동료가 있다고 합시다. 그가 실제로 느끼는 감정은 '그동안 열심히 했는데 어떻게 그럴 수 있지!'라는 윗선에 대한 화입니다.

그러나 화를 그대로 표출하면 회사에서 처지가 난처해질지 몰라 무의식중에 화를 낙담이라는 형태로 가공해버립니다. 섣불리 대들어서 회사에서 해고되지 않도록 스스로를 지키는 것입니다. 낙담은 내 안의 화와는 일치하지 않아서 끓어오르는 감정은 언제까지나 사라지지 않은 채 남아 있습니다. 낙담에서 벗어나기 위해서는 '프로젝트를 짓밟다니 용서할 수 없어!'라는 낙담의 근원에 있는 화를 표현해야 합니다.

공포도 마찬가지입니다. 앞에서 잠깐 이야기한 것처럼 뇌의 화를 느끼는 부위와 공포를 느끼는 부위는 똑같습니다. 그래서 실제로는 화를 느끼고 있는데 무섭다고 착각하는 사람이 적지 않습니다.

그러면 퍼즐 조각이 일치하지 않아서 언제까지나 공포

(화)가 사라지지 않고 남아 공포에 사로잡히게 됩니다. 그럴 때는 공포의 밑바닥에 있는 화를 찾을 필요가 있습니다.

소중한 사람이 죽었을 때 슬픔을 느끼는 현상은 당연한데 그 슬픔에서 좀처럼 벗어나지 못하는 것은 역시 화가 내재되어 있어서일지 모릅니다. 즉 슬픔의 이면에 '나를 이렇게 슬프게 하다니 너무해!'라고 하는 화가 있는 것입니다. 하지만 죽은 사람에 대한 화는 부적절하다고 생각하기 때문에 단지 슬프다고 하는 것입니다.

그러나 슬픔의 이면에 있는 화와 마주하면 '그러고 보면 살아 있을 때도 나를 소중히 대하지 않았다!'라는 숨겨진 화가 드러납니다. 그럴 때는 기분 나빴던 일이나 화가 났던 기억들과 함께 화를 토해내듯 머릿속에서 분출시키십시오. 죄책감을 느끼지 않아도 됩니다. 죽은 사람에 대한 화를 다시 확인하는 일도 고인의 명복을 비는 일 중 하나라고 할 수 있습니다.

그러는 동안 점차 마음은 차분해지고 영원히 사라지지 않을 것 같았던 슬픔으로부터도 어느 순간 해방되어 있을 것입니다.

화를 인정하는
일의 중요성

'그런 사소한 일로 일일이 화를 내지 마.'

누구나 한 번쯤은 들어본 적 있는 말이 아닐까요?

우리는 어릴 때부터 사람들 앞에서 화를 내는 건 좋지 않은 일이라고 배워왔습니다. 성장하면서 점점 화를 겉으로 표출하는 건 어른스럽지 않다는 선입관이 강해집니다. 작은 일에는 더 자제를 요구하는 풍조도 있습니다.

'화란 불결한 것으로 사람들에게 보이면 안 된다.' 이 말은 조금 심할지 모르지만 '배설물'과 다르지 않습니다. 우리는 흔히 분할 때 제기랄 또는 젠장이라고 하는데 영어에서는 'SHIT!', 일본어에서는 '구소(=똥)'라고 합니다. 화를 배설물 취급하는 나라가 많은 듯합니다. 화를 겉으로 표출하지 않고 쌓아두면 내부가 질척질척해져서 내가 오염된 존재처럼 생각될 정도입니다.

그러나 화는 본래 나를 지키기 위한 감정입니다.

앞의 예로 말하면 선생님에게 불합리하게 혼이 난 아이가 화를 느끼는 것은 선생님이 지켜주지 않았다는 '위험'을 느끼기 때문입니다. 회사의 상사에게 화내는 것도 이런 상사가 있는 회사는 결국 망할 것이라는 위험을 느끼기 때문입니다.

과장되게 들릴지 모르지만 화가 끓어오를 때는 나의 존재가 위협받고 있을 가능성이 있습니다.

화를 인정하지 않는 것은 나를 소중하게 여기지 않는 것입니다. 나를 소중하게 여기지 않는 것 자체가 새로운 신변의 위험을 느끼게 하기 때문에 또 다른 화가 끓어오릅니다. 그리고 이번에는 화의 대상이 나를 향합니다. 즉 내 안의 화를 인정하지 않으면 자기부정으로 이어집니다.

자기를 부정하면 할수록 신변의 위험을 느끼기 때문에 점점 화가 멈추지 않는 악순환에 빠져버립니다. 따라서 화를 겉으로 표출하는 일은 대단히 중요한 일입니다.

화란 단순히 상대에게 불만이 있어 생기는 단순한 감정

이 아닙니다. 상대에게 화를 냄으로써 그가 나를 지켜주는 사람인지 아닌지 파악하기 위함이기도 합니다.

선생님에게 화를 내는 아이는 선생님이 지켜주지 않았다는 위험, 더 나아가 선생님이 지켜주지 않으니 어른(사회)을 신뢰할 수 없다는 위험을 느끼고 있습니다. 그 화를 선생님에게 내서 선생님이 받아주지 않으면 역시 선생님은 신뢰할 수 없다고 확인할 수 있습니다. 마찬가지로 상사가 나의 화를 받아주면 이 상사가 있는 회사라면 안심이라고 확인할 수 있어 이제껏 느끼던 위험은 사라집니다.

화를 내서 상대에 대한 신뢰가 커지면 안심이 됩니다. 그것이 화의 본연의 역할입니다.

화를 진정시키는
그림 효과

미국에서 유학할 때 엄격한 교수진의 시험에 상당히 고생한 일이 있습니다.

시험 전 2주간은 한계치까지 잠을 줄였고 식사 시간도 아깝다고 느꼈습니다. 실제 시험은 문제지가 40쪽이나 되어 끝내기까지 세 시간 이상 걸렸습니다. 간신히 답안지를 제출했을 때는 화가 머리끝까지 치밀어올랐습니다. 며칠 동안 잠도 제대로 자지 못했는데 신경질이 나서 잠이 오지 않았습니다.

그런 이야기를 친구에게 하자 "미술관에 가서 그림을 감상하면 어때?"라고 했습니다. 그다지 마음이 내키지 않았지만 따로 할 일도 없어서 근처의 신시내티미술관까지 차를 몰고 갔습니다.

머리가 백지상태라 그림을 봐도 별다른 감동도 없었는데 도저히 눈을 뗄 수 없는 그림 한 점이 있었습니다. 낮인지 밤인지도 모를 공간에 늘어선 나무들. 그 사이에 서 있는 표정도 보이지 않는 남녀 한 쌍…. 유리 케이스나 액자도 없어 손을 뻗으면 바로 만질 수 있을 듯한 그림에 저는 그저 넋이 빠져 있었습니다. 그러는 사이 화로 가득하던 머릿속이 차분해졌습니다.

그림은 고흐의 '숲속의 두 사람'이었습니다. 그 후에도 저는 종종 미술관을 찾았는데 이 작품을 보면 늘 저의 화가 빨려 들어가는 듯한 느낌을 가졌습니다.

어릴 때 아버지는 "나쁜 짓을 하면 큰일 난다!"라며 '지옥 그림'을 보여주신 적이 있습니다. 무서워서 밤에 잠도 못 잘 정도였는데 그 그림이 저에게 어떤 영향을 주었는지 묻는다면 별 영향은 없었다고 말하곤 합니다.

그림을 잘 그리고 못 그리고 관계없이 작가의 의도가 너무 직설적이면 사람의 의식은 '그 정도는 알고 있어!'라며 그 효과를 부정해버립니다.

반대로 무엇을 그린 건지 잘 모르는 그림일수록 사람의 마음 깊숙한 곳을 뒤흔듭니다. 작가가 그림에 숨겨 놓은 메시지를 보는 사람의 무의식이 찾아내서 마음속에 담으려 하기 때문입니다.

고흐의 그림에 어떤 의도가 담겨 있는지 저는 알 수 없지만 제 마음은 고흐의 메시지를 분명히 받아들이고 있었던 듯합니다. 그래서 신비하게도 제 화가 흡수되어버린 듯합니다.

화가 사라지는 '알파, 오메가' 그림

고흐의 그림에서 받은 영감을 제 나름대로 재현한 것이 149쪽의 '알파와 오메가' 그림입니다.

그리스 문자로 쓴 알파와 오메가 문자.

'이 그림은 대체 무엇을 의미하는 걸까?' 의식이 생각하기를 단념할 때, 신기하게 무의식이 작용해서 마음이 그 의도를 헤아립니다.

α 와 Ω는 시작이자 끝입니다. 만물에는 시작과 끝이 있습니다. 화를 낸 후에도 반드시 화가 진정되는 때가 찾아옵니다. 영원히 흘러가는 시간 속에서 모든 건 한순간에 지나지 않습니다. 그것을 마음이 깨달았을 때 이제까지 나를 괴롭히던 화는 한 줌의 모래보다 못하게 여겨집니다.

온갖 짜증과 신경질이 날 때 149쪽의 그림을 바라보면서 마음속으로 '모든 것에는 시작과 끝이 있다.'라고 되뇌십시오. 그러면 '뭐, 아무래도 괜찮아.'라는 마음이 들 것입니다. 그렇게 모든 것은 한순간에 지나지 않습니다.

알파   오메가

4장

화를 받아들이고
이용하기

우리는 왜 화가 난다는
사실을 부정하고 싶을까

지금까지 작은 일로 짜증을 내는 화의 메커니즘과 그 신경질을 진정시키는 방법을 설명했습니다. 화의 원인을 올바로 인식하고 받아들이는 방식을 바꾸기만 해도 화를 자기 내부에서 처리할 수 있습니다.

한편 화를 '겉으로 잘 표출하는 일'이 좋은 경우도 많이 있습니다. 이번 장에서는 그 방법을 소개하겠습니다.

화를 겉으로 표출하는 일을 잘 못하는 사람도 드물지 않습니다. 본래 '화를 내는 것' 자체를 무조건 부정하려는 사람이 많습니다. 이런 사람 대부분에게는 화는 부정적인 감정이라는 인식이 각인되어 있습니다.

저 자신이 그러했습니다. 어릴 적, 학기 말에 성적이 안좋으면 집에 돌아갈 때 혼나는 일이 너무 무서웠습니다. 저에게 부모님의 화는 불쾌한 기억입니다.

아버지가 집에 오셨을 때 웃으면서 "이제 오셨습니까."
라고 인사하면 갑자기 "공부는 하지 않고 뭘 하는 게냐."라
고 혼날 때도 있었습니다. 지금 생각하면 바깥에서 일이 잘
풀리지 않은 아버지의 화풀이였다는 걸 알 수 있습니다. 하
지만 당시에는 히죽히죽 웃던 내가 정말로 나쁘다고 믿었
습니다.

언제 화를 내실지 몰라 불안한 날들이었습니다. 부모님
의 화로 제가 점점 파괴되어 가는 듯한 느낌이 들었고, 어
느 순간부터는 화는 인간을 파괴해버리는 무서운 감정이
라고 여기게 되었습니다.

한 남성의 경우, 어릴 적 어머니에게 학대에 가까운 훈육
을 받은 탓에 화에 대한 공포심을 품고 있었습니다.

한편으로 이 남성은 자기 자신의 화를 조절할 수 없는 상
황에 빠졌습니다. 누군가에게 화가 나면 상대가 상사라도
멱살을 잡을 기세로 화를 냈습니다. 그런 사람 중에는 상대
를 파괴하지 않으면 화가 진정되지 않는 사람도 있습니다.

이 남성은 직장에서 계속 문제를 일으켜 더 이상 문제를
일으키면 해고하겠다는 말을 들었고, 그 뒤부터 한계까지
화를 억제하자 정신에 문제가 나타났습니다.

예를 들어 타인의 집을 방문했을 때 '그 집에 있는 유리 공예품을 깨트린 게 아닐까?'라는 식으로 집에 돌아와서 불안해졌다고 합니다. 드라이브를 하면 '나도 모르게 누군가의 차에 부딪힌 게 아닐까?'라고 불안해졌습니다.

화는 파괴하는 것이라는 인식을 가지고 있어서 그것을 겉으로 표출하지 않도록 억제하자 자신도 모르는 사이에 물건을 파괴한 게 아닐까, 불안해진 것입니다.

본인은 단지 화를 내지 않도록 노력한 것뿐인데 억제한 화가 타인의 물건을 파괴했을지 모른다는 '공포'를 만들어 내고 있다는 사실은 예상치 못한 일이었습니다.

불쾌한 화에 둘러싸여 자란 기억이 있으면 부정하고 싶은 마음이 드는 것은 당연합니다. 게다가 그런 화를 어느 순간 본인이 발산하고 있다는 사실을 깨달으면 더욱 진지하게 화를 조절하려고 합니다. 하지만 그것이 반드시 옳은 일이라고 할 수는 없습니다.

화를 쌓아두는 일의
장단점

화를 싫어하는 사람은 화를 내지 않기 위해 조절하려 합니다. 그러나 화는 그때그때 겉으로 분출하지 않으면 점점 뇌에 축적됩니다. 잘 조절해서 발산한다 해도 뇌 안에는 화가 계속 쌓이기 마련입니다.

앞서 예로 든 어머니에게 학대에 가까운 훈육을 받은 남성은 직장에서 영업 능력이 뛰어나다는 평가를 받았습니다. 그래서 상사의 멱살을 부여잡고 소리쳐도 곧장 회사에서 해고되지 않았습니다. 오히려 평소에는 일을 잘하는데 어떻게 된 거지, 주위가 걱정하곤 했습니다.

이 남성은 화를 극한까지 억제한 탓에 점점 화가 축적되어 어마어마한 양의 에너지가 뇌에 축적되었습니다. 그것이 일에 대한 에너지로 바뀌었던 것인데 본인은 그 사실을 자각하지 못하고 화는 나를 괴롭힌다는 인식밖에 없었습니다.

이처럼 항상 화를 품고 있는 사람은 불굴의 정신으로 만사에 도전하거나, 지칠 줄 모르는 행동력을 발휘하거나, 신선한 아이디어를 떠올리는 등 보통 사람에게는 어려운 일을 아무렇지도 않게 해내는 경우가 적지 않습니다.

그 비밀은 화를 냈을 때의 신체 반응에 있습니다.

화는 인간의 전투 본능과 도주 본능에 뿌리를 둔 감정입니다. 즉 인간은 '위험을 깨달은 순간' 화를 냅니다.

위험이 닥치면 그 상황을 어떻게 헤쳐나갈지 아이디어를 내기 위해 정신을 집중합니다. 더욱이 언제라도 싸우거나 도망칠 수 있는 상태로 만들기 위해 근육은 경직됩니다. 이런 신체 반응을 유도하는 것이 화를 느꼈을 때 분비되는 긴장 호르몬입니다.

보통 사람의 경우, 이런 반응은 화를 느낀 순간에만 일어나고 위험이 사라지면 평소 상태로 돌아옵니다. 그런데 화를 싫어해 억압하는 사람은 화가 뇌에 축적되어 있으므로 항상 화를 내는 상태와 똑같습니다. 말하자면 항상 '긴장 호르몬에 절여진 상태'입니다.

그래서 화를 품고 있는 사람은 타인보다 머리 회전과 행동이 빠르고 강한 정신력을 지닌 경우가 많습니다. 그래서 속으로 '나는 다른 사람보다 뛰어나다.'라는 자부심을 품고 있는 사람도 적지 않습니다.

그래서 화는 표출하지 않고 쌓아두는 편이 좋다고 생각하는 사람이 있을지 모릅니다. 그러나 화를 계속 쌓아두는 일은 상상 이상으로 큰일입니다.

전쟁에서 돌아온 병사가 아주 작은 소리에도 움찔 반응하는 때가 있습니다. 이것은 드문 증상이 아닙니다. 제1차 세계대전 후에는 셸 쇼크Shell Shock라는 말로 널리 알려졌는데 현재는 전투 신경증 등으로 불립니다.

이와 마찬가지로 긴장 호르몬이 계속 분비되면 귀와 눈과 코 등의 감각이 지나치게 민감해져서 안심하고 잠을 못 자고, 마음이 평온하지 않은 상태가 되기 쉽습니다.

또한 긴장 호르몬이 계속 분비되면 언젠가 긴장 호르몬이 더 이상 듣지 않는 상태가 찾아옵니다. 그렇게 되면 무기력 상태에 빠져 아무것도 할 마음이 들지 않습니다. 따라서 긴장 호르몬이 계속 분비되어 화를 쌓아두는 사람은 정기적으로 직장을 바꾸거나 화를 낼 대상을 분산해 긴장 호르몬 중독이 발생하지 않도록 노력해야 합니다.

이런 사람이 다른 사람과 친밀한 인간관계를 형성하는 일은 몹시 어렵습니다. 그래서 더 안심할 수 있는 장소가 없어서 늘 긴장하며 화를 내는 것입니다.

화는 인간의
정상적인 반응

화를 억제하는 일이 얼마나 위험한 것인지 에피소드를 하나 더 소개하겠습니다.

한 여성의 이야기입니다. 이 여성은 남편이 독립해서 회사를 창업했을 때, 친정 부모님에게 돈을 빌리고 경영도 열심히 공부해 전화부터 사무까지 모든 업무를 맡아 사업 성장에 공헌했습니다.

그러나 회사가 커지자 남편에게 "그만 나와도 돼.'라는 말을 들었습니다. 여성은 일을 더 하고 싶었지만 결국 남편의 말을 받아들여 전업주부가 되었는데 그때부터 아이들이 학교에서 문제를 일으키기 시작했습니다.

남편에게 도움을 요청해도 아이들을 혼내기만 할 뿐 아무런 도움이 되지 않았습니다. 그러나 그녀는 남편에게 화를 내지 않고 잠자코 참기만 했습니다.

그런데 이번에는 남편이 바람을 피운 사실이 발각됐습니다. 상대 여성이 집까지 찾아온 것입니다. 그런데도 여성은 화를 드러내지 않고 남편을 내버려뒀습니다. 그런데 어느 날 갑자기 아무것도 생각할 수 없고 일어설 수도 없게 되었습니다.

사태가 여기에 이르자 여성은 화를 참아서 점점 상황이 악화된 건지 모른다는 사실을 깨달았습니다. 그때까지는 나만 참으면 모두 행복해질 수 있다고 생각했는지 모릅니다. 하지만 본인이 참을수록 남편과 아이들은 문제를 일으켰습니다.

그 이후로 여성은 화가 나면 즉시 화를 냈습니다. 그러자 제멋대로였던 남편이 그녀에게 신경을 쓰는 모습을 보였습니다. 아이와의 신뢰 관계도 서서히 회복되고 뿔뿔이 흩어졌던 가족도 다시 하나가 되기 시작했다고 합니다.

이 에피소드를 통해 알 수 있듯 화란 반드시 상대를 공격하고 곤란하게 만들기 위한 것이 아닙니다. 본래 '나를 지켜주고 행복하게 만들어주는 것'입니다. 그런 인식을 하고 있기만 해도 화를 자유자재로 조절하고 행복한 인생을 손에 넣을 수 있습니다.

화를 내는 것은 내가 위험한 상태에 있기 때문입니다. 그

때 화를 내면 위험에서 벗어나서 안전을 확보할 수 있습니다. 이것을 반복하면 자연적으로 행복해질 수 있습니다.

나의 행복은 모두의 행복, 모두의 행복은 나의 행복이라는 재미있는 말이 있습니다.

이것은 나의 행복을 우선하면 주위를 포함해서 모두 행복해질 수 있지만, 주위의 행복을 우선하면 나는 불행해진다는 의미일 것입니다. 앞의 여성의 경우를 보면 저절로 고개가 끄덕여집니다.

타인의 기분을 우선하면 타인의 상황을 너무 고려하게 되어 나의 화를 느낄 수 없게 됩니다. 나의 화를 느낄 수 없으면 나를 지킬 수 없게 되고 점점 불행해집니다. 그래서 먼저 나의 행복을 생각하고 필요할 때는 화를 내야 합니다.

앞서 말한 것처럼 화란 위험 회피의 수단입니다. 인간관계에서 신뢰 관계의 부재는 위험한 상태로 간주됩니다. 즉 누군가에게 화를 내는 것은 상대와의 신뢰 관계를 구축하기 위한 유효한 수단이라고 할 수 있습니다.

신뢰 관계를 쌓은 상대와 함께 있으면 안심이 됩니다. 이것이 '나의 행복은 모두의 행복'이라는 말로 이어지는 것입니다. 뒤에서 올바로 화내는 기술도 소개할 테니 반드시 함께 참고하십시오.(172쪽)

화는 나를
지켜주는 존재

앞에서 말한 바와 같이 화를 쌓아두는 일에는 장점도 있습니다. 긴장 호르몬 작용으로 참신한 아이디어가 떠오르거나 실행력이 향상되기도 합니다.

그러나 화의 힘으로 떠올린 아이디어나 실행력으로 성과를 올려도 화가 충만하므로 절대 즐겁지 않고 자유롭지도 않습니다. 이 자유롭지 않다는 점이 최대 문제입니다. 왜냐하면 화는 본래 사람을 자유롭게 살아가도록 하기 위해 존재하는 것이기 때문입니다.

늘 화에 사로잡혀 있는 사람은 절대로 자유로워질 수 없습니다.

가령 과거에 괴롭힘을 당한 아이가 어른이 되어 돈을 많이 벌고 보란 듯이 살기 위해 일에 온 힘을 쏟았다고 합시다. 이 사람의 뇌 안에서는 과거에 괴롭힘 당한 기억을 처리하지 못했던 화가 들끓고 있으므로 긴장 호르몬이 활발히 분비됩니다. 그래서 타인보다 일을 잘하는 상태이지만, 실은 문제는 바로 거기에 있습니다.

왜냐하면 일을 잘할수록 타인의 질투를 유발해서 주위에서 고립되기 때문입니다. 뜻하지 않게 어릴 적에 괴롭힘을 당했을 때와 완전히 똑같은 상태가 되어버리는 것입니다. 그래서 어릴 적 당한 괴롭힘을 다시 체험하게 되고 화의 고통에서 점점 벗어날 수 없게 됩니다.

화에 사로잡힌 사람은 주위의 시스템을 파괴하고 그것을 자신에게 좋은 시스템으로 재구축하려는 특징이 있습니다.

예를 들어 회사의 근태 관리가 너무 허술하다며 회사의 시스템을 뒤집어엎으려 합니다. 목적은 본인이 생각하는 올바른 시스템을 구축하면 모두 자신을 받아들이고 반드시 좋아하리라는 생각 때문입니다.

그러나 화에 휩싸여 잘못된 시스템을 파괴하고 올바른 시스템을 구축해도 목적은 달성되지 않습니다. 파괴 활동으로 회사의 실적은 향상될지 모르지만 그로 인해 그가 주위로부터 사랑받는 일은 없습니다. 내가 정말로 원하던 성과는 얻을 수 없습니다.

그런데 이 '화내는 사람'이 관점만 바꾸면 세계는 완전히 다르게 보입니다. 화는 주위를 파괴하고 나를 받아주는 환경을 창조하는 것이란 관점을 '화는 나를 지켜주는 것'이라는 관점으로 바꾸는 것입니다.

회의 도중 상사가 무의미한 이야기를 장황하게 늘어놓을 때 울컥하면 '이 화는 무엇으로부터 나를 지켜주는 걸까?', '어떤 위험이 있는 걸까?'라고 생각해봅니다.

그러면 '상사가 본심을 이야기하지 않는다는 사실에 불안해서 위험하다고 느끼는 게 아닐까?'라는 생각이 듭니다. 즉 상사가 부하직원을 신뢰하지 않는다는 불안한 느낌입니다. 그래서 저희를 믿고 사실을 말해달라고 직설적으로 말해봅니다. 그러면 상사는 순간 망설이다 매출 부족으로 어려움을 겪고 있다고 사정을 털어놓을지 모릅니다.

그렇게 되면 정체되어 있던 회의는 바삐 돌아가기 시작하고 동료들도 고맙다는 눈짓을 보입니다. 그때는 머릿속 화도 진정되고 나는 여기에 있어도 괜찮다는 긍정적인 기분이 듭니다.

이렇게 화는 본래 내가 안심할 수 있는 장소를 만들어주는 것입니다.

'긍정의 화'와
'부정의 화'

화에는 '주위 환경을 파괴하고 나를 받아주는 환경을 새로 창조하는 화'와 '나를 위험으로부터 지켜주는 화', 두 종류가 있다는 사실은 이미 말했습니다.

여기에서는 전자를 '부정의 화', 후자를 '긍정의 화'라고 부르겠습니다. 화에 고통받지 않고 화의 힘을 이용해서 행복해지기 위해서는 이 두 종류를 올바로 구별해야 합니다.

부정의 화란 규칙을 지키지 않는 사람(매너가 나쁜 사람, 상식이 없는 사람)을 화의 힘으로 막고 내가 '안심'할 수 있는 유토피아를 만들려는 화를 말합니다.

가령 만원 전철에서 큰소리로 통화를 하는 사람이 있으면 휴대폰을 빼앗아서 주위 사람들에게 박수를 받고 싶다고 생각하는 것과 같은 화를 말합니다.

　이것이 왜 부정의 화인가 하면, 바꾸려는 중심이 내가 아니기 때문입니다. 이 경우 화를 내는 사람이 바꾸려는 것은 바로 세상입니다.

　한편 긍정의 화는 나를 중심으로 화를 파악합니다.

　만원 전철에서 통화하고 있는 사람에게 울컥하면 '이 화는 나에게 어떤 위험인지 파악하고 있는가?'라고 생각해봅니다.

　'휴대폰 전파가 몸에 나빠서? 아니야 틀렸어.'라는 식으로 본인에게 직접적인 위험을 생각해봅니다. 그러면 '여기 탄 누군가 그 남자에게 주의를 주고 싸움이 나면 온종일 불쾌한 기분이 들지 모르니까.'라는 위험이 떠오릅니다. 그것을 깨달으면 화도 누그러지고 칸을 옮기자는 판단을 내릴 수 있습니다. 이것이 긍정의 화의 발상법입니다.

　부부싸움에도 부정의 화와 긍정의 화가 있습니다.

　남편이 귀가했을 때, 옷을 벗어둔 채 치우지 않거나 양말을 아무렇게나 벗어두면 아내는 왜 내가 힘들게 청소한 장소를 어지럽히는지 화를 냅니다. 그러면 남편은 늦게까지 일하고 온 자신을 전혀 배려하지 않는다고 반박합니다.

　이것은 모두 부정의 화입니다. 서로 가정환경을 파괴하

고 자신에게 맞는 환경을 만들려고 하기 때문입니다. 그러나 지향하는 환경이 서로 다르므로 두 사람은 목적을 달성하지 못하고 화는 증폭됩니다.

그럼 긍정의 화의 경우는 어떨까요?

남편이 양말을 아무 곳에나 벗어둔 것을 봤을 때 아내는 울컥하지만 바로 '이 화는 어떤 위험을 느낀 걸까?'라고 나에게 묻습니다.

이때 나를 중심으로 생각해보면 '파트너가 나를 소중하게 대하지 않는 것 같아 위험을 느끼고 있다.'라는 대답이 떠오릅니다.

그래서 '열심히 청소해놓은 곳에 양말을 내버려두면 나를 소중하게 생각하지 않는 것처럼 느껴져 슬프다.'라고 직설적으로 남편에게 말합니다. 그러면 남편도 '아, 미안해!'라며 서둘러 양말을 세탁기에 넣습니다.

남편의 행위는 아내를 소중하게 대하고 있다는 메시지이기 때문에 아내는 안심할 수 있고 부부간의 신뢰도 깊어집니다.

이렇게 자신 안에서 긍정의 화를 끌어냈을 때 마음은 비로소 평온해질 수 있습니다.

긍정의 화
유지하기

긍정의 화는 인간관계에서 신뢰 관계를 구축하기 위한 화라고 앞에서 말했습니다.

오래전 학교 생활을 다룬 드라마에서는 불량 학생에게 열혈 교사가 "너는 왜 항상 그 모양이야!"라며 화를 내면 학생이 시끄럽다며 대드는 장면이 많았습니다. 그리고 이는 대부분 선생님과 학생이 서로 싸우다 마지막에는 신뢰가 깊어지는 결말로 끝났습니다.

"너는 왜 항상 그 모양이야!"라는 선생님의 말은 제발 내 믿음을 배신하지 말아 달라는 메시지이고, 시끄럽다는 불량 학생의 반박도 선생님이 자기를 어디까지 받아줄지 신뢰 관계를 가늠하는 측면이 있습니다. 양쪽 다 긍정의 화의 일종입니다.

그러나 여기서 화를 내는 동안 "너는 왜 항상 그 모양이야!"가 '너를 올바른 길로 이끌겠다!'는 의미가 되면 이것은 부정의 화입니다. 화의 목적이 신뢰 관계 구축에서 상대의 파괴 및 재생으로 바뀌기 때문입니다.

그러면 학생의 내면에서도 선생님을 믿고 싶다는 긍정적인 마음 대신 이런 난폭한 선생님은 믿을 수 없다는 부정의 화가 치밀어 청춘 드라마와는 완전히 동떨어진 결말을 맺게 될 것입니다.

옳은 일을 한다는 의식을 갖는 순간 긍정의 화는 부정의 화로 변합니다.

직장에서 부하직원이 상사에게 왜 자기에게만 엄하게 대하냐고 화를 내는 것은 상사와 신뢰 관계를 구축해 안심을 얻기 위한 긍정의 화입니다. 그러나 상사가 알아줄까 주저해 그 자리에서 화를 내지 못하고 억제하면 화가 숙성되어 부정의 화로 바뀌기도 합니다.

그러면 "저런 사람이 상사라니 인정할 수 없다."고 인사부에 문제를 제기합니다. 신뢰 관계를 구축하는 대신 상호 관계를 파괴함으로써 안심을 얻으려 하는 것입니다.

화가 부정의 화로 변했다고 반드시 나쁜 것은 아닙니다. 실제로 환경을 파괴하고 처음부터 다시 구축해 안심을 얻은 사례도 있습니다.

단 부정의 화로는 긍정의 화가 주는 신뢰 관계에서 오는 안심을 얻을 수 없습니다. 그래서 부정의 화는 진화되지 않고 이후 여러 상황에서 파괴를 반복하는 경향이 있습니다. 일단 부정의 화가 연속적으로 발산되면 습관이 되어 좀처럼 거기서 벗어나기 힘들어집니다.

올바로
화내는법

부정의 화의 연쇄 작용이 시작되면 안심을 얻기 어려우므로 화가 계속 끓어오릅니다. 또한 화가 주변으로 튀어서 인간관계와 기회 등을 파괴하는 때도 있습니다. 처음에는 작은 일이었더라도 그것이 쌓이면 절대 적지 않은 고통을 초래합니다.

그러나 반대로 생각해서 부정의 화를 긍정의 화로 바꾸는 습관을 익히면 안심할 수 있는 인간관계를 구축할 수 있고, 행복과 기회가 넘치는 풍요로운 인생을 보낼 수 있습니다.

긍정의 화를 습관화하기 위해 먼저 부정의 화를 명확히 인식하십시오.

'옳고 그름'으로 화내거나 '상대를 위해, 회사를 위해, 누군가를 위해' 화를 내고 있다면 그것은 부정의 화입니다.

상대와 회사를 파괴하고 내가 안심할 수 있는 환경으로 바꾸고 싶은 것이 부정의 화입니다. 누군가를 회사에서 배척하고 싶은 것도 부정의 화입니다.

먼저 부정의 화가 내 안에 있다는 사실을 인식합니다. 그리고 화가 났을 때 이 화는 어떤 위험을 가르쳐주고 있는지 자문해봅니다. 나에 대한 직접적인 위험이 존재할 때 화는 그것을 가르쳐줄 것입니다.

남편이 여성 동료와 개인적인 메일을 주고받았다는 사실을 안 아내가 '나에게 어떤 위험이 있을까?' 생각하며 화와 마주하면 '자신에게 상처를 주는 남편을 믿을 수 없어서 위험을 느끼고 있다.'라는 결론에 도달합니다.

그러면 아내는 자신이 상처를 받았다는 사실을 남편에게 전해야겠다고 결심할 수 있습니다. 그럼으로써 그저 상대를 추궁하기만 하던 부정의 화의 연쇄 작용이 일어날 때와는 전혀 다른 상황이 펼쳐집니다.

'왜 메일을 주고받았어. 너무해!'라고 부정의 화를 냈을 때는 '그게 어때서?'라고 역정을 내던 남편이 '배신을 당한 것 같아서 상처받았어. 앞으로 당신을 어떻게 대해야 할지 모르겠어.'라고 긍정의 화를 낸 순간 솔직히 잘못을 인정하는 예도 있습니다.

상대가 잘못해서 부정의 화가 끓어올라도 나에게 어떤 위험이 있는지 자문해봄으로써 부정의 화를 손쉽게 긍정의 화로 바꿀 수 있습니다.

다른 사람에게 별로 화를 느끼지 않는다는 사람도 실은 자기도 모르는 사이에 반복되는 부정의 화에 빠져 있기도 합니다.

예를 들어 '난 왜 이렇게 되는 일이 없을까.'라는 생각도 숨겨진 부정의 화입니다. 다른 사람 대신 나에게로 부정의 화가 향한 것입니다. 그래서 '나에게 잘못된 부분이 있다면 거기에는 어떤 위험이 있을까?'라고 현재 상태를 긍정의 화로 바꿔보면 지금 무엇을 해야 할지 알 수 있습니다.

화는 상대에 대한 메시지

이렇게 긍정의 화와 부정의 화가 가져오는 효과를 살펴보면 부정의 화는 목적이 파괴적이어서 나에게 필요한 사람을 나에게서 떼어놓는 결과를 낳는다는 사실을 알 수 있습니다.

생각해보면 당연한 일입니다. 자신의 세계를 재구축하려는 누군가의 화에 무감각하게 있을 수 있는 사람은 자신감이 없는 사람들입니다. 이대로의 내가 좋다고 생각하는 건강한 사람이라면 상대가 자신의 세계를 파괴하려 들면 싫다며 멀어질 것입니다.

긍정의 화에는 이와는 반대 효과가 있습니다.

긍정의 화를 습관화하면 나에게 소중한 사람에게 화가

낯을 때 "왜 나를 알아주지 않아!"라며 부정의 화를 발산하는 대신 "너를 믿고 싶어!"라는 식으로 신뢰 관계를 깊게 하는 긍정의 화를 전달할 수 있습니다.

'너와 함께여서 안심된다.'라는 마음을 화를 통해 전달할 수 있다는 사실은 흥미롭지 않습니까? 화이지만 화가 아닌 화, 이것이 바로 긍정의 화입니다.

한편 긍정의 화를 전달받은 상대가 나를 성가신 존재로 여겨 멀어지는 때도 있습니다. 하지만 괜찮습니다. 그 사람은 깊이 신뢰할 만큼 가치 있는 상대가 아니었던 것입니다. 거자막추去者莫追, 가는 사람은 붙잡지 마십시오.

이렇게 긍정의 화를 습관화하면 믿을 수 있는 사람만 주위에 모이게 되고 화를 낼 필요가 전혀 없는 평온한 마음 상태가 됩니다. 진정한 나로 있고 싶다, 있는 그대로의 나로 있고 싶다, 이런 바람을 이룰 수 있도록 긍정의 화는 당신을 이끌어줄 것입니다.

내가 평온하면
모두가 평온해지나니

긍정의 화를 습관화하면 마음은 점점 고요해집니다. 고함을 치고 싶은 마음이 사라지고 잘못한 상대를 파괴하고 싶은 충동도 생기지 않습니다. 가만히 있어도 내 마음을 흐트러뜨리는 사람은 내 곁에서 사라집니다. 대신 함께 이야기하면 즐겁고 마음을 쉴 수 있는 사람이 모여들어 마음은 더 평온해집니다.

흥미로운 점은 내가 부정의 화로 충만할 때는 주위 사람들도 부정의 화로 충만해 살기가 가득한 상태라는 것입니다. 그러나 내 마음이 고요해질수록 주위 사람들의 마음도 평온해지고 서로 화를 내는 일도 사라집니다.

그런 광경을 보고 있으면 이 평온함은 언제까지 이어질지 불안을 느끼게 되지만 긍정의 화가 몸에 배어 있는 한 비록 한순간 평온이 깨지는 일이 있어도 언제라도 평온한 상태로 돌아올 수 있습니다.

내 마음이 평온하면 주위 사람들에게도 그 기운이 전해져 모두가 평온해지는 신비한 일이 일어나므로 지난 일을 떠올려도 불쾌하지 않습니다.

한 남성은 직장 동료를 눈엣가시처럼 싫어했습니다. 동료가 매번 무엇무엇이 잘못됐다며 타인의 일에 간섭하는 모습을 보면 화가 났습니다.

시험 삼아 그 화를 긍정의 화로 바꿔보기로 했습니다. 동료에게 신경질이 날 때 '어떤 위험을 느낀 거지?'라고 화에게 물었습니다. 그러자 '일을 잘하는 라이벌이 회사를 그만둘까 봐 위험을 느끼고 있다.'라는 대답이 돌아왔습니다. 남성은 라이벌에게 '회사를 그만두진 않을 거지?'라고 물어보자 라이벌은 놀란 얼굴로 조건이 더 좋은 회사를 찾고 있다고 털어놓았습니다.

그 말을 들은 남성은 그만두지 말고 계속 함께 일하고 싶다고 말했습니다. 그러면서 마음속으로 그 사람이 없었으면 좋겠다고 생각한 일을 떠올렸습니다. 그러나 정말로 라이벌을 잃으면 업무에 대한 열정이 떨어질 게 분명했습니다.

그 일이 있고 난 뒤 남성은 직장생활이 즐거워졌습니다. 라이벌은 전보다 그를 잘 도와주었고 효율적으로 일할 수 있게 됐습니다. 그러자 늘 짜증을 내던 상사도 온화해지고 부서 전체가 신경질적인 분위기에서 벗어나 즐겁고 평온하게 업무를 진행하는 분위기로 변했다고 합니다.

'평온한 마음'은 주위에 전해지고 모두에게 영향을 끼쳐 마음을 차분히 만들어주며, 함께 안심할 수 있는 환경이 되게 도와줍니다.

저는 언젠가 이 평온한 마음이 사회 전체를 감싸 모두가 진심으로 안심할 수 있는 환경을 만들어줄 것 같은 마음이 듭니다. 긍정의 화가 만들어준 평온한 제 마음의 눈에는 그런 풍경이 보입니다.

화와 올바로
마주하기 위하여

저는 어릴 때부터 부모님께 화를 내면 지는 거라는 말을 들으며 자랐습니다. 그래서 사람들 앞에서 화를 내지 못했습니다. 제 안에서 화가 끓어오르면 이 사람은 나를 바보 취급하는 게 아니라 마음이 삐뚤어진 거라고 생각하며 감정을 억제했습니다. 그러나 그럴수록 친구들은 제가 잘난 체한다고 여겼는지 무리에 넣어주지 않았습니다.

그러다가 국어 시간에 교과서를 더듬더듬 읽어 같은 반 친구들에게 놀림을 받았고, 그때 모두 저를 바보 취급하는 것 같아 억눌렸던 화가 폭발해 학교를 뛰쳐나오는 일까지 있었습니다.

사회에 나와서도 화를 겉으로 드러내지 않는 습관은 고치지 못했습니다. 하지만 상대방에게 악의는 없다고 스스로에게 되뇌며 계속 화를 참았더니 전철 안에서 모르는 사람과 부딪히기만 해도 울컥하곤 했습니다.

그럴 때마다 작은 일로 화가 나는 내가 패배자처럼 여겨져 비참한 기분이 들었고, 화를 내지 않도록 더 신경을 썼습니다. 그러자 이번에는 위궤양에 걸려 식사를 제대로 할 수 없게 되었습니다. 기분은 점점 더 침울해지고 괴로워지기만 했습니다.

억지로 참은 화는 당시에는 사라진 듯해도 계속 내면에 남아 있다가 의욕을 떨어뜨리고 슬픈 감정의 형태로 드러납니다. 그런 부정의 감정에 사로잡히지 않으려면 올바른 형태로 화를 해소해야 합니다.

― 이 정도 일로 화를 내다니, 난 아직 멀었구나.
― 내가 너무 신경이 예민한 건지 몰라.

이렇게 스스로를 속이는 것은 역효과를 초래합니다.

그럼 어떻게 해야 화를 해소할 수 있을까요?

저는 제 화를 조절하는 방법을 오랫동안 모색해왔는데 좀처럼 근본적인 해결책을 찾을 수 없었습니다. 그러나 상담자가 품고 있는 다양한 화에 공감하고 원인을 추적한 결과 화의 메커니즘을 알게 되었습니다. 그것은 바로 우리가 자신의 화를 오해하고 있다는 사실입니다.

내가 '왜' 화를 내고 있는지, 또 '무엇에 대해' 화를 내고 있는지, 이 두 가지를 올바로 인식하면 화를 해소하는 일은 간단합니다. 그러나 우리들 대부분은 잘못된 이유로 상관없는 사람에게 화를 냅니다. 그로 인해 점점 화를 증폭시키고 있었던 것입니다.

이 책에는 나의 화와 올바로 마주하기 위한 많은 힌트가 담겨 있습니다. 신경질적인 사람은 물론 화를 참기만 했던 사람도 꼭 읽길 바라는 마음으로 책을 썼습니다. 왜냐하면 화란 인내(억제)하면 점점 더 증폭되는 성질을 가졌기 때문입니다.

이 책이 여러분에게 평온하고 건강한 일상을 보내게 해주는 멋진 힌트가 된다면 그보다 기쁜 일은 없을 것입니다.

화날 때 써먹는 마법의 키워드

2장에서 소개한 '마법의 언어'를 정리했습니다. 이미 소개한 사례 외에 응용할 수 있는 몇 가지 사례도 함께 적었으니 활용하시길 바랍니다.

슬픔의 반납 (59쪽)

효과 : 쓸데없이 쌓아둔 화를 해소할 수 있다.

◆ 어떤 일에 실패해 낙담하고 있을 때나 어떤 점이 잘못이었는지 지적 받았을 때
◆ 선의로 한 조언이 상대의 기분을 상하게 했을 때

사교 언어의 습득 (62, 100쪽)

효과 : 상대의 모든 말을 진심으로 받아들이지 않고 걸러 듣게 된다.

◆ 바보 같은 짓을 해서 사람들 앞에서 철이 없다는 말을 들었을 때
◆ 성격이 별로인 어머니의 친구가 다른 집 아이를 칭찬해 인기를 얻고 있을 때

내가 안 해도 괜찮아 (65, 78쪽)

효과 : 상대에게 불필요한 미안함을 느끼지 않는다.

◆ 메시지를 보냈는데 상대가 읽고도 무시했을 때
◆ 자진해서 임원직을 맡아 열심히 했는데 고생한다는 말을 듣지 못했을 때

5분 후의 성찬 (73쪽)
- - -- - - ^^

효과 : 뇌가 느끼는 공복 상태를 일시적으로 완화해서 신경질을 느끼지 않는다.

◆ 회의가 길어져 신경질이 날 때
◆ 고객 상담센터에 전화했는데 기다리는 시간이 너무 길 때는 이제 그만

진화는 이제 그만 (82쪽)
- - - - - - ^^ - - ^^

효과 : 타인의 기분을 너무 고려하지 않아 마음의 부담이 사라진다.

◆ 재미없는 회식 자리에서 2차를 가고 싶지 않을 때
◆ 내가 가고 싶은 곳에 가지 못하고, 보고 싶은 것 등도 참아야 할 때

집착의 자각 (86쪽)
- - - - - - ^^ - ^^

효과 : 실제로는 원하지 않는 것을 갖고 싶어했다는 것을 깨달을 수 있다.

◆ 집 자랑을 하는 친구에게 불쾌한 기분이 들었을 때
◆ 잡지에 실린 여행 광고가 지나치게 비싸 화가 날 때

명예의 자각 (90쪽)
- - - - - - - ^^ - ^^

효과 : 무언가에 대한 집착을 자각하고 냉정한 마음을 되찾는다.

◆ 월급이 너무 적어 화가 치밀어오를 때
◆ 행동이 굼뜬 점원이 시간을 너무 잡아먹어 신경질이 날 때

네트워크 차단 (94쪽)

효과 : 화에 사로잡힌 집단의 부정적 에너지에서 도망칠 수 있다.

◆ 만원 전철에서 이리저리 밀려 울컥할 때
◆ 타인에 관한 소문이나 전언을 듣고 화가 날 때

자기도취의 수정 (97쪽)

효과 : 화를 내는 나에게 심취되는 것을 막을 수 있다.

◆ 모두를 위해 희생했는데 보답 받지 못했다고 느낄 때
◆ 아무도 나를 이해해주지 않는다고 느낄 때

찾아라, 화의 원인 (102쪽)

효과 : 화의 진짜 원인을 찾아 화를 해소해준다.

◆ 화가 진정되지 않아 잠들지 못할 때
◆ 아침에 눈을 떠도 전날의 화가 남아 있다고 느낄 때

나가며

돌아보면 저는 화를 내서 많은 소중한 것들을 잃어버린 게 아닐까, 무서워질 때가 있습니다.

그때 화에 사로잡히지 않고 냉정하게 판단했더라면 더 많은 기회를 얻고, 사람들에게 인정 받고, 더 좋은 인생을 보낼 수 있지 않았을까, 후회가 들 때가 있습니다.

이런 생각을 하고 있을 때조차 화가 불시에 저를 덮쳐 하고 싶지 않은 말과 행동을 하게 만듭니다. 그래서 "그건 당신이 제멋대로 화를 내는 것뿐이잖아!"라는 비난을 듣기도 합니다. 화에 사로잡히면 정말 어떻게 할 수 없을 만큼 이성을 잃고 다른 걸 파괴해버린다고 설명해도, 아무도 알아주지 않았습니다.

저처럼 화에 사로잡혀 어쩔 줄 모르고 도저히 그런 자신을 바꿀 수 없어 고통 받는 사람들에게 도움을 주기 위해 이 책을 쓰기 시작했습니다.

의지만으로는 어쩔 수 없는 화로부터 해방되는 최강의 방법을 제시하고, 평온하고 행복한 인생을 보낼 수 있게 도와주는 책을 쓰기 위해 심혈을 기울였습니다. 그래서 보통 심리학 등에서는 사용하지 않는 참신한 아이디어 테크닉

을 소개하며 그 안에 다양한 '암시'를 담았습니다. 읽기만
해도 화로부터 해방될 수 있기를 바라는 마음으로 집필했
습니다.

그런데 편집자가 보낸 교정지를 보고 '어? 참신한 방법
들이 많이 삭제되었네!'라며 깜짝 놀랐습니다. 편집을 거
치며 저만의 특색 있는 방법들이 모두 순화되고 재편집되
어 있었습니다.

그러나 편집된 원고와 제가 쓴 초고를 비교해보자 확실
히 편집된 원고가 사람들에게 잘 전달될 것 같았습니다. 제
가 쓴 참신한 방법 그대로 직설적으로 전달하면 사람들이
거부감을 느낄 수 있겠다는 생각이 들었습니다.

그때 문득 깨달았습니다. 예전의 저라면 공들여 쓴 내용
들을 뺐다고 화를 폭발시켰을 것입니다. 그리고 '이런 일반
적인 내용의 책을 내는 게 무슨 의미가 있을까?'라는 생각
에 부정의 화를 내며 모두 파괴했을 것입니다.

처음에 말한 것처럼 저는 지금까지 화 때문에 많은 기회
나 소중한 인간관계를 잃어버렸다고 생각했는데, 정리된
원고를 읽고 '화 덕분에 나의 쓸모없는 부분이 깎이고 집
착하지 않는 심플한 인간이 될 수 있었구나.'라는 사실을

깨달았습니다. 기회나 인간관계에 대한 집착을 버려서 보통 사람이 될 수 있었는지 모르겠다는 생각이 들었습니다.

화는 제가 쓴 문장과 아이디어를 꼼꼼히 편집해준 편집자와 같은 친구입니다. 집착 그리고 인간관계 등을 말끔히 정리해주는 존재입니다!

제가 특별한 사람이 아닌 보통 사람이라고 생각할 때, 신기하게도 지금까지 느낀 적 없던 다른 사람들과의 일체감을 느낄 수 있었습니다. 제가 혼자가 아니라 다른 사람들과 똑같다는 감각. 그런 일체감 속에서 저는 신기하게도 안심할 수 있었습니다.

저의 평온한 마음이 제 주위로 점점 퍼져 제가 알고 있는 세계를 바꿨습니다. 어느 순간 화는 기묘한 방법으로 제 세계를 평화롭고 멋진 세계로 바꿔주었습니다.

화는 제가 가장 원하는 게 무엇인지 알고 그것을 제게 가져다주었습니다.

한국 독자분들의 일상도 그렇게 되기를 바랍니다.

오시마 노부요리

보기만 해도 화가 진정되는
알파와 오메가

★ 절취선을 따라 잘라낸 뒤 가운데 접는 선에 따라 접으면 카드 사이즈가 됩니다. 지갑 등에 넣고 다니다가 화가 날 때 꺼내 봅니다. 그림을 보는 방법은 149쪽을 참조하십시오.

알파   **오메가**

오늘도 참기만 하는
당신을 위한 심리학

1판 1쇄 발행 2019년 3월 30일

지은이	오시마 노부요리
펴낸이	한승수
펴낸곳	문예춘추사
편 집	강성욱
마케팅	박건원
디자인	이유진

등록번호	제300-1994-16
등록일자	1994년 1월 24일
주소	서울시 마포구 동교로27길 53 지남빌딩 309호
전화	02-338-0084
팩스	02-338-0087
이메일	moonchusa@naver.com

ISBN   978-89-7604-382-5 03320